NANCY, IMPRIMERIE DE THOMAS ET Cie.

QUESTION DU DUEL.

ARRÊT DE NANCY

RENDU LE 27 FÉVRIER 1839,

PAR LA CHAMBRE DES APPELS DE POLICE CORRECTIONNELLE,

AU RAPPORT

DE M. MASSON, CONSEILLER.

NANCY,

GRIMBLOT, THOMAS ET RAYBOIS, IMPRIMEURS-LIBRAIRES,

PLACE STANISLAS, 7, ET RUE SAINT-DIZIER, 127.

1839.

PRÉCIS DES FAITS.

L'espèce qui a donné lieu à la Cour de Nancy de résoudre la question si controversée de l'incrimination du duel, avait été jugée en première instance et dans le même sens par le tribunal correctionnel de Strasbourg, le 10 mai 1838.

Sur l'appel, le jugement de Strasbourg avait été confirmé par arrêt de la Cour de Colmar, rendu le 12 juillet même année (1) au rapport de M. Schirmer, conseiller, et lors duquel M. Chassan, avocat général qui portait la parole, avait déclaré qu'après un examen attentif de la question du duel, il lui restait des doutes sur la juridicité de la nouvelle jurisprudence de la Cour de Cassation en cette matière.

Le 18 octobre suivant, la Cour de Cassation avait cassé l'arrêt de Colmar et renvoyé l'affaire devant la Cour de Nancy. Les motifs de ce dernier arrêt sont d'un laconisme dogmatique qui a lieu de surprendre quand on réfléchit à la date encore toute fraîche de la nouvelle jurisprudence de la Cour de Cassation, et aux obstacles non encore surmontés que cette jurisprudence rencontre, et dans ses propres antécédents et dans les arrêts de plusieurs Cours royales qui repoussent sa nouvelle doctrine sur la question du duel. Cet arrêt n'ayant pas été publié par les journaux judiciaires, il

(1) Voyez cet arrêt remarquable, dans le Journal du droit criminel, t. 10, page 243, et dans le Journal de la Jurisprudence de la Cour de Colmar, année 1838, p. 117. On trouve dans ce dernier recueil le savant rapport de M. le conseiller Schirmer.

peut être intéressant de le faire connaître ici ; voici dans quels termes il est conçu :

« Vu les articles 1, 59, 297, 309, 310 du code pénal et
» 65 du code d'instruction criminelle ; ·

» Attendu en droit que le fait de la prévention ainsi fixé
» (blessure résultant d'un duel) est prévu et puni par les
» articles 309 et 310 du code pénal ;

» Qu'en décidant qu'il n'est susceptible d'entraîner contre
» les prévenus (l'auteur de la blessure et les témoins du
» combat) l'application d'aucune peine, parce qu'il a eu
» lieu en duel, l'arrêt dénoncé a commis l'excès de pouvoir
» de créer une *excuse* qui n'est point établie par la loi, et, par
» suite, une violation des dispositions ci-dessus visées. La
» Cour casse, etc. »

Devant la Cour de Nancy, la défense des prévenus s'est bornée à des explications qu'ils ont données personnellement : ils n'avaient pas cru nécessaire, ont-ils dit, de réclamer les secours du barreau.

M. Garnier, avocat général, a pensé que les actes résultant du duel étaient régis par le droit commun, d'abord parce qu'ils offrent les éléments ordinaires de toute incrimination, c'est-à-dire le fait matériel et l'intention ; et ensuite, parce que l'opinion exprimée par M. Montseignat dans son rapport au corps législatif lui a paru offrir les caractères d'un commentaire officiel de la loi.

Mais la Cour, au rapport de M. Masson, conseiller, en a décidé autrement par son arrêt du 27 février 1839.

Une observation que chacun pourra faire, mais qui certainement n'échappera pas aux jurisconsultes, c'est que l'arrêt de Nancy s'est rencontré avec les auteurs de la *Théorie du code pénal* (1), et dans la solution de la question du duel,

(1) T. V, p. 246 et suivantes.

et dans la plupart des éléments de cette solution qui n'a-
vaient pas encore été exposés jusque-là. Cette coïncidence,
purement fortuite, puisque l'arrêt a été prononcé à l'au-
dience du 27 février, que le 5me volume de la *Théorie du code
pénal* n'a paru que le 9 mars suivant, et qu'entre les savants
auteurs de ce livre et le magistrat redacteur de l'arrêt, il n'a
existé aucune communication directe ou indirecte, ne peut
être qu'une circonstance favorable aux raisonnements sur
lesquels s'est fondée la jurisprudence de la Cour de Nancy;
car si le résultat uniforme du concours accidentel de plusieurs intelligences dans l'examen d'une même question
n'est pas un gage d'infaillibilité, on ne peut du moins lui
contester l'avantage d'offrir un plus haut degré de certitude.

ARRÊT.

Attendu, en fait, qu'il résulte des pièces du procès, que le
27 février 1838, dans un bal qui se donnait à Strasbourg au
salon français, il est survenu entre Lucien Pingenot, maré-
chal des logis chef au 1er régiment d'artillerie, et Michel
Levy, agent de remplacements militaires, une altercation à
la suite de laquelle le premier a provoqué l'autre en duel.

Que le lendemain, Pingenot et Levy se sont rendus sur
les glacis de la ville avec leurs témoins, Guillaume Bermède,
Henri Matherne, et Abraham Lipmann, en présence desquels ils se sont battus au sabre bancal d'artillerie, arme qui
avait été choisie par Pingenot. Que dans ce combat, ce dernier a reçu à la poitrine une blessure qui lui a été faite

1*

par Levy et qui a occasionné une incapacité de travail de moins de vingt jours.

Que les circonstances qui ont précédé, accompagné et suivi cet acte de violence, démontrent qu'il a été le résultat d'un duel soumis aux conditions ordinaires de ces sortes de combats.

Considérant en droit que pour statuer sur le sort des poursuites à l'égard de chacun des prévenus, il est indispensable d'examiner si les actes de violence résultant d'un duel sont incriminés par le code pénal en vigueur.

Que cette question doit être résolue, non d'après les préceptes de la morale absolue ou religieuse, mais d'après ceux de la loi pénale. Que si on avait à la considérer sous le premier de ces rapports, il serait trop facile de démontrer que le duel est un acte condamnable, dangereux même, puisqu'il constitue un appel à la force au sein de la civilisation ; qu'il porte atteinte au respect que commande la vie des hommes, et qu'il viole un de leurs devoirs religieux : le pardon des injures.

Mais que l'infraction aux préceptes de la religion et à ceux de la morale ne saurait constituer un délit répressible par la justice humaine, sans le concours de la loi positive. Que cette vérité, qui ne perd rien de son évidence pour être exprimée en termes simples et précis, impose aux tribunaux l'obligation de renfermer l'examen de la question du duel dans les limites de la stricte légalité. Que restreinte à ces termes rigoureux, elle consiste à savoir si l'agression connue sous le nom de *duel* est répressible en vertu des lois pénales actuellement en vigueur, et particulièrement, si l'homicide et les blessures qu'elle occasionne sont passibles des peines applicables au meurtre, à l'assassinat, et aux autres actes de violence qui font le sujet du titre 2, chapitre 1er, section Ire et II du livre 3 du code pénal. Que la solution n'en pourrait être affirmative qu'autant qu'il serait établi que les faits résultant du duel se confondent par identité de nature avec ceux que la loi a textuellement prévus, ou que, malgré leur dissemblance, la volonté expresse du législateur a été de les soumettre indistinctement à une même et commune disposition.

Que dans l'examen de cette importante question, le juge ne doit être arrêté ni gêné par la crainte de voir ses intentions travesties ou mal interprétées. Que tout en déplorant les funestes atteintes que le duel porte à l'ordre social, et en faisant des vœux pour qu'elles puissent être réprimées par la loi, son devoir, lorsqu'il est appelé à juger de la légalité actuelle de cette répression, ne l'oblige pas moins à respecter les règles du droit et à observer l'impartialité qui est de l'essence de son ministère. Que le sujet du litige étant de savoir, non pas s'il est opportun de proscrire le duel et ses résultats, mais si la législation en vigueur le proscrit réellement, la question se réduit pour le juge à savoir si la loi contre le duel est faite ou à faire.

Considérant que les jurisconsultes qui enseignent que cette loi existe prétendent non-seulement qu'elle est renfermée dans le code pénal promulgué en 1810, mais qu'elle se trouvait aussi dans le code de 1791. Qu'ils vont même jusqu'à dire qu'elle existait déjà dans le droit commun de l'ancienne monarchie française, d'où elle aurait passé naturellement et sans innovation dans notre législation moderne.

Considérant que, pour ne négliger aucun des éléments de ce grave débat, il est indispensable de les suivre aussi loin qu'ils peuvent remonter et de les prendre au point de départ qui leur est assigné. Que si les développements qu'entraînera cet examen dépassent les bornes ordinaires d'un acte judiciaire, il suffit qu'ils ne puissent pas excéder, quelle que soit leur étendue, l'importance de la question qui en est l'objet.

Considérant que, si on consulte l'ancien droit concernant les duels, on trouve que leur condition légale a subi de notables modifications à trois époques différentes de leur histoire. Que, depuis le commencement de la monarchie jusqu'en 1260, sous saint Louis, ils ont été non-seulement permis entre particuliers pour vider leurs querelles, mais encore ordonnés par justice pour décider les procès, quand les juges n'en trouvaient pas la solution dans la loi. Que, depuis 1260 jusqu'en 1547, sous Henri II, il fut interdit aux tribunaux d'user de cette absurde et sanglante ressource pour le jugement des contestations portées devant eux, mais que les duels extrajudiciaires, furent encore permis à la condition d'être autorisés par les rois. Qu'enfin, depuis 1547, jusqu'à la promulgation du code pénal du 6 octobre 1791, les duels furent proscrits d'une manière absolue, mis au rang des crimes de lèse-majesté, et punis des peines les plus rigoureuses.

Que, durant cette troisième période, les duels ont toujours été l'objet d'une législation spéciale. Que, depuis la première ordonnance rendue contre eux, sous le règne de Charles IX, jusqu'à l'Édit du 5 février 1731, qui clôt la nomenclature des nombreuses mesures législatives dont cette matière a été l'objet, on n'aperçoit aucun intervalle durant lequel le duel ait été régi par le droit commun à l'égard d'aucune des classes de la société d'alors. Qu'au surplus, il est aisé de concevoir que, plus on remonte dans l'histoire du duel, moins il était possible de le confondre par un mode commun d'incrimination avec les meurtres et les assassinats ordinaires ; et que cette assimilation aurait rencontré d'autant plus d'obstacles qu'on se trouvait plus rapproché de l'instant de la transition du fait légal et permis au fait qualifié crime.

Que toutefois, en regard de cette extrême rigueur déployée contre le duel à titre de crime de lèse-majesté, le législateur d'alors, comme par une sorte de compensation équitable, avait eu le soin de déployer une sévérité relative non moins grande contre les genres d'insultes qui d'ordinaire deviennent la cause provocatrice des combats singuliers. Que c'est ainsi que, pour les gentilshommes et les gens de guerre, il avait institué le tribunal des Maréchaux, dont l'origine est contemporaine du premier acte législatif porté contre les duels. Que cette juridiction, simplement préventive, mais investie d'un pouvoir souverain, avait le droit d'accorder aux parties offensées *les satisfactions nécessaires et convenables*, art. 2, 4, 5, 6, 7, *Édit des duels* d'août 1679. Que c'est ainsi encore que, par l'Édit d'août 1704, tout officier de robe ou autre qui se rendait coupable de voies de fait ou d'outrages défendus par les ordonnances devait être condamné — à 20 ans de prison pour avoir frappé seul, par derrière et de dessein prémédité, avec canne, bâton ou autre instrument de pareille nature ; — à 15 ans de prison, si le coup avait été porté par devant ;— à 2 ans de prison pour avoir frappé d'un coup de main ou autre semblable, si le soufflet ou coup de main n'avait pas été précédé d'un démenti, et à 1 an de prison, si un démenti avait précédé le coup, avec obligation, dans ces deux cas, de se soumettre à recevoir des coups semblables de la main de l'offensé et à lui demander pardon; — à 4 mois de prison, et à demander pardon en sortant, pour avoir donné un démenti ou menacé d'un coup de main ou de bâton; —à 2 mois de prison, et à faire réparation en sortant, pour avoir proféré sans sujet des paroles injurieuses telles que *sot*, *lâche*, *traître*, ou autres semblables, lorsque ces injures n'avaient pas été repoussées par d'autres semblables, ou plus graves. Art. 1, 2, 3, 7.

Qu'en faisant marcher de front ces deux législations parallèles et corrélatives, le législateur se montrait conséquent avec lui-même. Que, tout en proscrivant le duel par d'énormes pénalités, il sentait combien il était juste et nécessaire d'offrir de fortes garanties contre les causes qui le provoquent. Qu'enfin, loin de fermer les yeux sur la gravité relative de certaines insultes, ou de la contester, malgré l'évidence, il témoignait de sa sincérité à la reconnaître et de ses efforts à lui opposer une répression proportionnée.

Considérant que cet état de choses a été remplacé par la loi du 22 juillet 1791, qui réglait les délits correctionnels et les contraventions de simple police, et par celle du 6 octobre, même année, qui sous le nom de code pénal pourvut à la répression des faits qualifiés crimes. Que la première a prononcé, contre les coups et blessures simples, une peine d'emprisonnement dont le maximum était de 6 mois; mais que, relativement aux injures verbales, quelques graves qu'elles fussent, elle n'a institué aucune peine publique et s'est contentée d'accorder une action civile en dommages-intérêts devant la justice de paix, art. 18 (1). Que la seconde ne contenait aucune disposition particulière au duel, dont le nom ne s'y trouve même pas écrit.

Considérant que du silence gardé par le code pénal de 1791 concernant le duel, et de l'abrogation des lois anciennes qui avaient pour objet de le prévenir et d'en tarir la source, en accordant aux personnes offensées une réparation judiciaire proportionnée à la gravité relative de l'insulte, on devait naturellement conclure que l'Assemblée Constituante n'avait voulu frapper d'aucune répression les faits résultant du duel.

Que cependant l'opinion contraire prétend faire sortir contre eux, de ce silence et de cette abrogation, une incrimination formelle, et que, pour la démontrer, elle se fonde :

1° Sur ce que, dans l'ancien droit antérieur à 1791, les faits

______

(1) Voyez aussi la loi du 24 août 1790, titre III, art. 10, n° 3. — Arrêts de Cass., 21 pluviôse an II, et 21 décembre 1813.

résultant du duel étaient régis par le droit commun à l'égard de tous les citoyens qui n'étaient ni gentilshommes ni gens de guerre, et que les priviléges dont jouissaient les nobles et les militaires, ayant été abolis au début de la révolution de 1789, le duel est retombé dès ce moment sous l'empire de la loi générale, à l'égard de tous les citoyens indistinctement.

2° Sur ce qu'en tous cas la législation spéciale relative au duel, sous l'ancienne monarchie, n'aurait été qu'une aggravation du droit commun, et que cette aggravation ayant été supprimée par le code de 1791, les actes résultant du duel se sont trouvés, de plein droit, soumis aux dispositions générales concernant l'homicide et les blessures ordinaires.

3° Enfin, sur ce que, lors de la discussion préparatoire du code pénal de 1791, un projet de loi spéciale sur le duel ayant été présenté à l'Assemblée Constituante, elle l'aurait rejeté par le motif qu'elle voulait soumettre désormais les actes résultant du duel aux dispositions du droit commun.

Mais que, si on examine attentivement chacune de ces propositions, on s'aperçoit bientôt qu'aucune d'elles ne peut se soutenir.

Que la première est une erreur importée en France, en 1835, par la jurisprudence d'un pays voisin (1), qui, pour avoir fait partie de l'empire sous le règne de Napoléon, est encore régi par notre code pénal de 1810 ; qu'elle n'a pas tardé a être réfutée par les Cours royales de France, notamment par celle de Colmar. Qu'il suffit de lire les anciennes lois sur le duel, et particulièrement celle de 1679, dans son préambule et dans ses articles 1 et 14, pour se convaincre que si elles avaient été rendues principalement en vue de

____

(1) V. arrêt de la Cour supérieure de Bruxelles, du 12 février 1835. Sirey, 35, 2, 126.

la noblesse, elles n'en étaient pas moins applicables à tous les sujets du roi, sans distinction.

Que d'ailleurs, à bien réfléchir sur le genre d'incrimination dont le duel était frappé dans l'ancien droit, on est forcé de reconnaître qu'il en devait être ainsi, à moins d'une disposition expressément contraire, qu'on ne rencontre nulle part. Que le duel était considéré et puni alors , non comme un crime particulier, mais bien comme crime de lèse-majesté. Que les crimes de lèse-majesté pouvaient être commis par les roturiers aussi bien que par les nobles. Que si le législateur avait entendu que le duel n'aurait ce caractère exorbitant qu'à l'égard de la noblesse, tandis qu'il resterait crime ordinaire à l'égard de la roture, il n'aurait pu se dispenser de s'en expliquer ; et qu'en tout cas une disparité aussi singulière ou plutôt une bizarrerie aussi remarquable et aussi insolite n'aurait pas manqué d'être signalée par les criminalistes de l'époque. Que cependant aucun des anciens auteurs n'en a parlé, ni *Jousse*, comment. sur l'ord. crim., ni *Muyart de Vouglans*, instit. et inst. crim., ni *Ferriere*, introd. à la pratique, ni *Daguesseau* , t. 8 et corr. off., ni *Guyot*, rép. de jurisp., ni *Domat*, supp. au d. pub.

Qu'il y a même cela de remarquable, en ce qui concerne ce dernier jurisconsulte, qu'il traite sous la même rubrique des assassinats, des empoisonnements, des expositions d'enfants et des duels, et que, pour ce dernier crime, pas plus que pour les autres, il ne fait aucune distinction entre les gentils-hommes et les roturiers; d'où la conséquence que les pénalités qu'ils entraînaient s'appliquaient indistinctement à toutes les classes d'individus , sauf quelques accessoires particuliers à la noblesse, et dont quelques-uns présentaient de l'analogie avec ce qui se pratique aujourd'hui en justice criminelle, pour la dégradation des membres de la légion d'honneur.

Qu'au surplus la méprise est venue de ce qu'on a cru voir, dans le tribunal des Maréchaux institué pour la noblesse et les gens de guerre, une juridiction répressive, tandis qu'elle était purement préventive. Qu'il est constant que le jugement des faits du duel, actes préliminaires et résultats compris, appartenait aux prévôts des maréchaux et aux lieutenants criminels de robe courte, concurremment avec les juges ordinaires, et à charge d'appel aux parlements. Que tel est le sentiment de Muyart de Vouglans, instit., p. 545, qui parle de ce point de compétence, non comme d'une opinion sujette à controverse, mais comme d'une règle qui ne faisait pas doute.

Que la seconde proposition, dont le but est de revenir, par une autre voie, à la conséquence de la première, outre qu'elle repose sur une hypothèse gratuite, ne fait à vrai dire que décider la question par la question. Que, pour être autorisé à prétendre que l'ancienne pénalité du duel n'était qu'une aggravation des lois ordinaires contre l'homicide, et que, par son abolition, le duel a fait retour au droit commun, il faudrait d'abord que la réalité de cette aggravation fût certaine, et ensuite, qu'antérieurement à cette législation spéciale et aggravante, ou durant quelque intermittence qu'elle aurait subie, le duel eût été, ne fût-ce qu'un seul jour ou une seule fois, assimilé à l'homicide par sa qualification, et, comme tel, puni par application des lois relatives à l'homicide simple, ou au meurtre, ou à la tentative de ces deux crimes.

Mais que, d'une part, on ne conçoit guère, à l'égard des duels consommés ou commencés avec ou sans résultats matériels, en quoi aurait consisté cette aggravation, ni quel en aurait été le but, puisque la peine capitale était attachée à l'homicide simple comme au meurtre ; que celui-ci était même déclaré non graciable et puni de la roue pour les nobles comme pour les roturiers ; que les mêmes pénalités frappaient les tentatives et tous ceux qui avaient aidé au crime, catégorie assez large et assez flexible pour comprendre et atteindre toute espèce de participation. Que la loi allait même jusqu'à voir un acte de complicité dans le refuge donné au coupable..... Qu'ainsi, supplice pour supplice, le droit commun, épuisant la sévérité des peines contre les homicides et les meurtriers, n'avait pas besoin d'être aggravé, et ne pouvait pas l'être. Que si la peine du duel entraînait quelques accessoires particuliers au crime de lèse-majesté, comme par exemple l'imprescriptibilité de l'action publique et de la peine, il n'est pas raisonnable de penser qu'ils aient été le motif plutôt que la conséquence de l'incrimination spéciale attachée au duel.

Que, d'autre part, de ce qui a déjà été dit précédemment, il résulte la preuve que le duel n'avait jamais appartenu au droit commun, puisqu'avant de recevoir la qualification de crime de lèse-majesté, qu'il a toujours conservée depuis, il était un fait qui, pour être licite, n'avait besoin que de l'autorisation du roi. Que si les édits, ordonnances et déclarations particuliers au duel l'avaient saisi déjà rangé dans la classe des homicides, pour lui imprimer une qualification encore plus grave, il serait juste de dire que leur abrogation a dû l'y replacer de plein droit; mais que, par une réciprocité rigoureusement logique, de ce qu'ils l'ont pris libre de toute incrimination pareille, il est nécessaire de conclure que leur abrogation l'a rendu à son premier état.

Que la raison fait de vains efforts pour comprendre comment la condition du duel aurait pu *redevenir* ce qu'elle n'avait jamais été; comment l'homicide commis en duel aurait pu être *replacé* sous l'empire du droit commun, auquel il n'avait jamais été soumis; comment, enfin, il aurait *repris* au nombre des meurtres et des assassinats, un rang qu'à aucune époque il n'y avait occupé!

Qu'il ne faut pas oublier que le droit commun punissait déjà toutes les sortes d'homicides ordinaires, que l'homicide commis en duel était encore un fait légal ou autorisé ; et qu'au moment où, pour la première fois, il a été frappé d'une proscription absolue, ce n'a été ni comme homicide simple ni comme meurtre, mais comme crime de lèse-majesté, en ce qu'il constituait une double usurpation du droit de *justice* et du droit de *guerre*, qui n'appartenaient qu'au roi. Qu'ainsi, en perdant cette incrimination temporaire, la seule dont il ait été marqué durant deux siècles et demi, sans qu'aucune autre y fût substituée, il est évident qu'il est redevenu un fait affranchi de répression, tout comme il le serait redevenu sous l'ancienne monarchie, s'il eût convenu à Louis XIV ou à Louis XV d'abroger purement et simplement les édits et ordonnances qui l'avaient précédemment érigé en crime. Qu'enfin, il importe peu que l'abolition de la législation particulière au duel ait été prononcée en 1791 par une loi générale et non par une loi spéciale, puisqu'avant cette époque, il y avait déjà un droit commun préexistant qui régissait les homicides ordinaires, et qu'à leur égard, il n'y a jamais eu ni lacune ni intérim dans la législation d'aucun peuple civilisé.

Qu'on peut même aller plus loin, et dire que les faits résultant du duel ne pouvaient pas, avant le code de 1791, être régis par le droit commun. Que les principes de l'ancienne législation, concernant les caractères constitutifs des diverses espèces d'homicide, étaient les mêmes qu'aujourd'hui, sauf quelque variété dans les dénominations. Que, par *l'homicide simple* appelé *meurtre* dans nos codes modernes, on entendait alors celui qui *était commis dans un premier mouvement, comme dans la chaleur d'une rixe, ou dans la passion de la colère, de l'ivresse, de l'amour, ou même dans le sommeil.* Que l'homicide résultant du duel, c'est-à-dire commis après une convention préalable et de propos délibéré, ne pouvait donc pas revêtir la qualification d'homicide simple, puisqu'il manquait de la condition essentielle à celui-ci, d'avoir été commis sans réflexion. Que, par le *meurtre* appelé aujourd'hui *assassinat*, on entendait l'homicide commis après délibération ou de guet-apens. Que les anciens criminalistes s'accordaient à reconnaître qu'il était de la nature de ce crime d'être *fait avec avantage, dol et malice, et que la trahison en formait le principal caractère*. Que la nature spéciale de ce crime se refusait donc aussi à toute assimilation avec l'homicide commis en duel, puisque le caractère distinctif de celui-ci était précisément d'exclure tout acte de dol, malice ou trahison, tout avantage d'un des agresseurs vis à vis de l'autre. Que le crime, autrefois qualifié *assassinat* et qui consistait principalement dans l'homicide commis par main tierce et gagnée à prix d'argent, s'éloignait encore davantage de la nature du duel. Qu'ainsi, dans l'ancien droit criminel de la France, aucune des espèces d'homicide ordinaire ne pouvait s'assimiler l'homicide commis en duel. Que, dès lors, il n'est pas étonnant que le législateur, impuissant à le faire entrer dans aucune de ces catégories sans froisser son caractère propre, sans effacer ses traits distinctifs, et sans mutiler en quelque sorte sa constitution particulière, en ait fait un crime d'une espèce à part.

Que si on prétendait que les actes résultant du duel, lors de l'abrogation de la législation spéciale à laquelle ils étaient soumis, ont dû tomber dans la classe des homicides ordinaires par le seul effet de la similitude de nature existant entre eux, on s'engagerait, ainsi qu'il vient d'être dit, dans une véritable pétition de principes, puisque cette prétendue similitude forme précisément le point litigieux.

Que, si elle eût existé réellement, on serait en droit de s'étonner que la loi ne l'eût pas reconnue avant de porter contre le duel des dispositiôns spéciales, puisque de tout temps il a eu la même constitution élémentaire, et que, de tout temps aussi, l'homicide ordinaire, dans toutes ses variétés, a été l'objet d'incriminations formelles.

Mais que, si cette similitude n'a jamais existé dans l'ancienne législation, elle n'a pas pu naître tout à coup lors de l'émission du code pénal de 1791, par la raison péremptoire que la législation nouvelle, bien qu'elle ait changé quelques dénominations dans les spécialités de l'homicide, n'a rien innové aux anciens principes concernant les caractères propres à chacune d'elles. Que les crimes qu'elle a qualifiés *meurtres* et *assassinats* ont continué à se composer des mêmes éléments et des mêmes conditions que *l'homicide simple* et le *meurtre* d'autrefois. Que sur ce point, il ne s'est jusqu'aujourd'hui élevé aucune controverse, et qu'il ne paraît pas possible qu'il donne jamais lieu à aucune divergence d'opinions. Qu'ainsi ce qui vient d'être dit de l'ancien droit criminel, s'appliquant aussi au nouveau, démontre suffisamment qu'en 1791, pas plus qu'antérieurement, l'homicide ordinaire n'a pu absorber, de plein droit, l'homicide commis en duel.

Considérant qu'il reste à examiner si, comme on l'a dit, le législateur de 1791, en rejetant un projet de dispositions particulières au duel, a manifesté l'intention de soumettre celui-ci aux prohibitions du droit commun. Que cette assertion, reproduite à plusieurs reprises sous des formes successivement moins affirmatives, n'a jamais pu s'autoriser d'aucun renseignement d'un caractère officiel; qu'ainsi elle paraît dépourvue de ce qui pourrait lui donner la valeur d'un argument juridique. Mais qu'elle est de plus en contradiction avec un document historique dont la vérité semble d'autant moins suspecte, que l'auteur du livre où il est consigné, atteste que ses matériaux ont été puisés à des *sources plus sûres*

et plus abondantes que le Moniteur lui-même (1). Que les dispositions proposées contre le duel, formulées en sept articles, avaient pour objet de punir d'une exposition en place publique durant deux heures, dans un costume d'armure complète, et de deux années de détention dans une maison d'insensés, quiconque se serait battu en combat singulier, pour le cas où aucun des combattants n'aurait perdu la vie, et de 12 années de cachot, lorsqu'il en serait résulté un homicide. Qu'à la suite de ce projet, le Rapporteur des Comités de constitution et de législation criminelle avait consigné leur adhésion dans une note ainsi conçue. « L'usage des duels a survécu à l'ins
» titution antique et aux vertus de la chevalerie. Il en était
» l'abus, de même que la chevalerie errante en était le ridi
» cule. Emprunter ce ridicule pour en faire la punition de
» l'abus est un moyen plus répressif que ces peines capitales
» prononcées vainement contre ce crime par un roi tout
» puissant, peines atroces et inefficaces tout ensemble, qui
» pas une seule fois n'ont empêché de le commettre, et qui si
» rarement ont été appliquées contre ceux qui s'en étaient
» rendus coupables ». Que l'accueil et le sort qu'obtint cette proposition sont indiqués dans les termes qui suivent : « Le
» projet de code pénal présenté par les comités contenait
» plusieurs articles sur le duel : on ne crut pas devoir les sou
» mettre à la délibération : le résultat d'une conférence tenue
» dans les comités où s'étaient rendus un grand nombre de
» membres de l'assemblée, fut que le caractère français ren
» dait inutile, dangereuse et impraticable, une loi sur le
» duel. »

Que si on médite les termes de cette relation, quelques succincts qu'ils soient, il est bien difficile de n'y pas voir

____

(1) *V. Choix de rapports, opinions et discours prononcés à la tribune nationale,* tom. 6, p. 416 et tom. 1, préface, dernière page.

la preuve d'une intention en tous points contraire à celle qui a été attribuée au législateur de 1791. Qu'évidemment on ne peut pas dire que c'est d'une loi *spéciale* sur le duel que n'a pas voulu l'Assemblée Constituante, puisque c'est une loi, une loi quelconque sur le duel, qu'elle a déclarée impraticable et dangereuse ; — ni qu'elle a refusé de faire une loi spéciale, par le motif que l'état de la société n'était plus le même, puisqu'elle déclare que le caractère français (qui, de l'aveu de ses comités, avait bravé les peines capitales sous l'ancien régime) rendait inutile une loi sur cette matière, et que par cette loi elle ne pouvait entendre qu'une loi répressive ; — ni qu'elle s'est décidée au rejet du projet, par la raison que le duel en lui-même et isolé de ses suites n'aurait plus le même caractère qu'autrefois, c'est-à-dire celui de crime de lèse-majesté, (ce qui ferait supposer que ce projet ne portait que sur la provocation au duel, abstraction faite de ses résultats,) puisqu'au contraire il avait en vue le duel consommé, rien que le duel consommé, tellement qu'il n'y était pas question du simple cartel non suivi de combat ; — ni enfin, qu'au lieu de régir le duel par la loi proposée, elle a mieux aimé le soumettre aux dispositions générales du droit commun, lorsque du droit commun il n'a pas été dit un seul mot ; — lorsque ce droit commun aurait eu pour effet logique de transformer en assassinats ou tentatives d'assassinat, tous les actes du duel consommé avec ou sans résultats matériels : actes, pourtant, que la loi proposée n'avait qualifiés ni crimes, ni délits, que les Comités, par l'organe de leur rapporteur, avaient appelés *abus*, et dont la répression, par l'exposition publique et une simple détention temporaire, venait d'être jugée impraticable et dangereuse, eu égard au caractère français ; — lorsque 'ce droit commun devait ramener l'application des peines capitales des anciens édits : peines que les Comités

2

de l'Assemblée Constituante avaient qualifiées d'atroces, à l'égard des duels, et qu'ils avaient accusées de n'en avoir pas empêché un seul et de ne les avoir presque jamais réprimés ; — lorsque ce droit commun, plus inflexible dans ses prescriptions qu'aucun de ceux qui l'ont précédé et suivi, n'accordait aux juges chargés de son application aucune latitude pour la modération des peines, aux jurés, aucun pouvoir pour atténuer les incriminations, et se trouvait ainsi hors d'état de faire au caractère particulier du duel les concessions dont l'équité, aujourd'hui même, n'est contestée par personne ; — lorsqu'enfin, par l'assimilation des duels avec l'assassinat, et en continuant à les frapper du dernier supplice, après que lui-même avait aboli les anciennes juridictions préventives ; après qu'il avait abrogé les lois si fortement répressives de cette nature d'offenses qui poussent aux combats singuliers ; après qu'il avait fermé ainsi les seules voies ouvertes, si peu fréquentées qu'elles fussent, aux satisfactions légales graduées sur l'offense, le législateur de 1791 aurait véritablement dépassé la rigueur des anciens édits, et se serait mis en contradiction flagrante avec le blâme énergique dont il venait de les couvrir lui-même.

Que s'il y a quelque chose d'inconciliable avec les intentions manifestées en cette circonstance par l'Assemblée Constituante, et avec l'esprit général du rapport qui a précédé l'émission du code pénal de 1791, c'est sans contredit la pensée de régir les actes du duel par le droit commun, et d'adopter ainsi un système qui, à cette époque plus encore qu'aujourd'hui, et faute d'aucun moyen d'atténuation, devait avoir pour conséquence inévitable, le retour aux expédients de l'ancien régime et à ses pénalités, qu'elle accusait tout à la fois d'atrocité et d'impuissance.

Qu'en vain on s'efforcerait d'expliquer en faveur de ce

système, le silence gardé par l'auteur du projet de loi, après que les comités de constitution et de législation l'eu-rent rejeté. Que ce silence s'explique, comme forcé, par la circonstance que le rejet, bien que résolu dans les comités, était l'ouvrage non-seulement des membres qui les composaient, mais encore d'un grand nombre d'autres membres de l'assemblée qui s'y étaient rendus. Que s'obstiner à reproduire en séance publique une proposition que l'assemblée avait déja repoussée en comité secret, eût été un acte peu raisonnable qui n'eût abouti qu'à un second vote négatif. Que d'ailleurs, en aucun cas, le silence de l'auteur de la proposition ne pourrait s'interpréter dans un sens favorable à l'application du droit commun aux actes résultant du duel. Que le but de la loi qu'il proposait, l'esprit dont il l'avait empreinte, le point de vue sous lequel il envisageait le duel, la nature, la durée et l'effet moral des peines qu'il lui destinait, sont d'assez sûrs garants que ses vœux n'auraient point appelé, ni son vote sanctionné la substitution de la peine de mort à celle de la détention tempo-raire qu'il avait sollicitée.

Que, d'après ce qui vient d'être dit, on est non-seulement fondé, mais encore forcé à conclure que le législateur de 1791 a voulu laisser en dehors du droit commun les actes résultant du duel.

Considérant que le décret d'amnistie du 17 septembre 1792 ne peut répandre aucun doute sur cette vérité, soit qu'on veuille y voir une mesure qui n'était relative qu'à un fait particulier de simple provocation, soit que, lui donnant une portée plus grande, on le considère comme une mesure générale. Que dans cette seconde hypothèse, la seule qui demande à être examinée, on reconnaîtra aisément, si l'on prend garde à l'époque jusqu'où remontait l'amnistie, qu'elle ne pouvait pas être suppléée par le code pénal de 1791, bien

2*

qu'il eût aboli l'incrimination du duel. Que les effets de l'amnistie, se reportant au 14 juillet 1789, couvraient un espace de temps, antérieur au nouveau code, de plus de deux années, qui avait continué à être régi par l'ancienne législation, sinon quant aux juridictions qui avaient été supprimées par l'art. 13, loi du 11 septembre 1790, du moins quant au droit pénal. Que les condamnations prononcées dans cet intervalle, pour cause de provocation au duel, auraient dû, sans l'amnistie, recevoir leur exécution, même sous le code de 1791, par la raison qu'en matière criminelle comme en matière civile, la chose jugée doit avoir son cours nonobstant les changements ultérieurs de la législation. Qu'ainsi l'amnistie était nécessaire pour arrêter l'effet de ces condamnations, dans le cas où il en aurait été prononcé.

Qu'à la vérité on objecte que, d'après la formule littérale de l'art. 1er de cette loi, l'amnistie semblait s'appliquer aussi bien aux poursuites commencées qu'à la chose jugée elle-même, puisque le texte portait *tous procès et jugements*, et qu'il était inutile d'amnistier de simples procédures, que le code de 1791 aurait annulées de plein droit en cessant d'incriminer le duel : d'où l'on tire la conséquence que si l'amnistie a été nécessaire pour anéantir les procès non jugés, c'est que le code pénal s'appliquait aux actes résultant du duel. Mais qu'à cette argumentation, dont la base est assez fragile, puisqu'elle repose sur l'arrangement de deux mots, on répond que la conclusion qu'on veut en tirer n'aurait quelque apparence de raison, qu'autant que l'ordre de ces mots serait au contraire interverti et qu'au lieu de *tous procès et jugements*, la loi eût dit *tous jugements et procès*. Que, dans l'ordre où ils sont, ils signifient tous procès *suivis de jugements* Que, si cette locution présente l'inconvénient d'un pléonasme, c'est une défectuosité qui est fort commune dans le langage législatif des premiers temps de la révolution et même des temps postérieurs. Qu'on peut en trouver des exemples bien plus frappants dans des lois analogues à celle-ci et qui lui sont contemporaines , notamment dans le décret du 15 septembre 1791 et dans les arrêtés des 25 pluviôse an VI et 25 thermidor an VIII, portant amnistie, le premier, pour les faits relatifs à la révolution , le second, pour les habitants de la Corse après l'expulsion des Anglais, et le troisième, en faveur des départements qui avaient été mis hors de la constitution.

Qu'enfin ce qui tranche toute difficulté sur ce point, c'est que l'amnistie du 17 septembre 1792 ne portait littéralement que sur les procès et jugements qui avaient eu pour prétexte *les provocations* au duel, et non sur les procès et jugements qui auraient eu pour objet les homicides ou blessures résultant de duels consommés , dont elle ne parlait en aucune façon. Que si, dans une dispute de mots, les mots sont tout, celui de *provocation*, le seul dont la loi se soit servie , doit être considéré comme indiquant la véritable portée de l'amnistie. Que cette interprétation se trouve encore confirmée par les mots *sous prétexte* , locution qui emporte ordinairement l'idée d'un fait sans gravité réelle , lorsque du reste il est constaté. Que, de l'aveu même de ceux qui pensent que le code de 1791 était applicable au duel, ce code n'en punissait pas la simple provocation , et que ce fait accessoire n'était réprimé que par les anciennes ordonnances. Que, de là, il résulte nécessairement que l'amnistie de 1792 avait uniquement pour objet des faits accomplis sous l'empire du droit antérieur , et qu'elle ne peut fournir aucune induction contre la volonté manifestée par l'Assemblée Constituante , de ne point soumettre les actes résultant du duel aux dispositions du code pénal de 1791.

Considérant que , s'il fallait une nouvelle preuve de cette intention, on la trouverait dans le décret du 29 messidor an II. Que l'objet principal de cet acte législatif a été de résoudre la question de savoir si l'art. 11, section IV du code pénal militaire du 12 mai 1793, qui punissait toute menace, par paroles ou gestes, d'un militaire envers son supérieur, était applicable à la provocation au duel ; qu'à cette question, la Convention Nationale a répondu par la négative, en se fondant sur ce que *l'application de la loi doit être restreinte au cas qu'elle a prévu, et que l'article cité ne contenait ni sens ni expressions qui s'appliquassent à la provocation au duel ;* que, dans la seconde partie de ce décret, elle a prononcé le renvoi à la commission du recensement et de la rédaction complète des lois *« pour examiner et proposer les » moyens d'empêcher les duels, et la peine à infliger à ceux » qui s'en rendraient coupables ou qui les provoqueraient. »* Que, des termes de ce décret, il résulte formellement que le législateur de l'an II ne voyait, dans le code pénal de 1791, aucune disposition applicable aux actes résultant du duel.

Qu'on tenterait en vain d'échapper à cette conséquence rigoureuse, en disant que l'objet unique du décret de l'an II n'était autre chose qu'une question de discipline militaire, et qu'il ne s'y est agi que de la simple *provocation* au duel ; qu'en tous cas, les duels dont il parle étaient seulement les duels entre gens de guerre, étrangers au droit commun, et qu'ainsi la Convention n'avait entendu s'expliquer que sur le code militaire de 1793, et nullement sur le code pénal ordinaire de 1791.

Mais que le décret de l'an II ne peut s'interpréter ainsi sans qu'on méconnaisse le sens évident et la portée directe de ses termes les plus formels. Que, loin d'être un acte insignifiant et dont une aveugle routine puisse seule se prévaloir, il forme au contraire un document tout à la fois législatif et historique, dont l'importance incontestable en fera toujours un argument nécessaire dans la question qu'il s'agit de résoudre.

Que le duel, considéré en lui-même et abstractivement, constitue, à proprement parler, un acte de violence ; que provoquer quelqu'un au duel, c'est le menacer d'une voie de fait : menace qui prend encore un caractère plus pro-noncé, quand elle a lieu d'un subordonné à son supérieur; que conséquemment, loin de violer la saine entente de l'article 11, section IV du code pénal militaire, en le dé-clarant applicable aux provocations en duel, c'eût été, au contraire, en faire une juste interprétation, si le duel eût été un fait légalement punissable. Que la Convention Na-tionale, en décidant que la menace d'une pareille voie de fait ne rentrait pas dans l'application du code militaire, qui réprimait toute menace par paroles, a donc reconnu que le duel n'était pas un acte défendu par la loi.

Que la manifestation de cette opinion ressort bien mieux encore de la seconde partie du décret de l'an II, où elle se produit, non plus par voie de conséquence, mais d'une ma-nière générale, directe, explicite. Qu'à moins d'en mutiler le texte, on est forcé de reconnaître qu'il y signale la lacune d'une loi pénale, tout à la fois préventive et répressive, non plus seulement quant aux simples provocations, mais bien quant au duel consommé; non pas seulement quant aux duels entre militaires, mais bien quant aux duels en général.

Que, d'ailleurs, la distinction des duels militaires et des duels bourgeois serait tout à fait irréfléchie et ne supporte-rait pas l'examen. Qu'en l'an II, comme aujourd'hui, les mi-litaires étaient soumis aux lois générales tout aussi bien que les particuliers étrangers à l'armée ; que les dispositions du code pénal de 1791 étaient applicables aux uns et aux autres indistinctement ; que la loi du 29 octobre 1790, sur la compétence des tribunaux militaires, avait surabondamment

consacré ce principe par son article 2 ainsi conçu : « Les
» délits civils sont ceux commis en contravention aux lois
» générales du royaume, qui obligent indistinctement tous
» les habitants de l'empire. Ces délits sont du ressort de la
» justice ordinaire, quand même ils auraient été commis
» par un officier ou un soldat ». Qu'ainsi, les peines prononcées pour assassinat, meurtre ou blessures, s'appliquaient
aux soldats comme aux autres citoyens; que si, sous l'empire du code pénal de 1791, l'homicide et les blessures résultant du duel avaient été assimilés au meurtre et aux blessures ordinaires, la même assimilation aurait existé aussi à
l'égard des militaires, et entraîné contre eux les peines que
la loi y attachait; et qu'alors le législateur de l'an 2 n'aurait pas eu besoin de réclamer une loi pour *empêcher* les
duels et *punir* ceux qui s'en rendraient coupables, puisque
cette loi se fût trouvée toute faite dans les dispositions
du code pénal relatives à l'homicide et aux blessures ;
qu'on doit donc voir, dans le décret de l'an II, une interprétation du code pénal de 1791, plus encore que du code
pénal militaire.

Considérant que le code pénal du 3 brumaire an IV n'a rien
changé à celui de 1791, et que son principal objet a été
d'approprier celui-ci à la Constitution de l'an III, qui allait
être mise en vigueur. Que l'Avis donné en l'an IX par le ministre de la justice, concernant la question du duel, ne
pouvait se fonder que sur les principes consacrés par l'Assemblée Constituante; mais que, de ce qui en a été dit
précédemment, il résulte qu'il les a méconnus. Que, d'ailleurs, l'opinion manifestée dans cet avis se détruit elle-
même par sa contradiction avec les règles du droit commun
qu'elle invoque; qu'en subordonnant la répression du duel
à la condition qu'il aura produit un homicide ou des blessures, elle anéantit l'assimilation que pourtant elle voulait

faire de l'homicide commis en duel et du meurtre ou de l'assassinat ordinaires ; que les lois, punissant la tentative de ceux-ci de la même peine que le crime consommé, il y avait inconséquence à vouloir que la tentative de l'autre restât impunie. Que l'opinion exprimée dans cet avis a donc été irréfléchie ; qu'elle n'est pas juridique, et qu'au surplus il est facile de lui opposer, ainsi qu'il sera dit plus tard, l'opinion contraire d'un autre ministre de la justice, parlant officiellement au nom du Gouvernement dans l'exercice de l'initiative parlementaire.

Considérant que le code pénal de 1810 a pris les choses LÉGISLATION ACTUELLE. dans l'état où elles étaient sous les législations de 1791 et de l'an IV ; qu'il a consacré les mêmes principes, adopté les mêmes classifications concernant l'homicide et les blessures et surtout imité leur silence quant au duel, qu'il n'a désigné nominalement nulle part. Qu'en de telles circonstances, les éléments de la question du duel auraient été, en 1810, absolument les mêmes que sous l'empire du code de l'Assemblée Constituante, sans un document puisé dans les travaux préparatoires du code impérial. Que le rapporteur de la commission du corps législatif, en présentant le vœu de cette commission, à la séance du 17 février 1810, sur le chap. 1er, tit. 2, livre 3, de ce code, a positivement exprimé l'opinion que *l'attentat aux personnes connu sous le nom de duel, était compris dans les dispositions générales du projet de loi, et que, s'il n'y était pas désigné particulièrement, c'était parce qu'on n'avait pas dû particulariser une espèce qui était comprise dans un genre dont la loi donnait les caractères ;* qu'après avoir divisé le duel en plusieurs catégories, indiqué l'incrimination propre à chacune d'elles, s'être livré à l'appréciation de quelques-uns des caractères particuliers à cet acte, et avoir dit que la loi ne saurait transiger avec un aussi absurde préjugé, il a terminé en exprimant l'espérance de sa prochaine extirpation, et en conviant l'opinion publique et la bravoure militaire à concourir à cette œuvre méritoire.

Que ces paroles sont, sans contredit, aussi explicites qu'il est possible ; qu'on ne saurait douter de leur caractère officiel, et que, si le Corps, au nom duquel a parlé le rapporteur qui les a fait entendre, avait absorbé dans ses attributions le pouvoir législatif tout entier et sans partage, elles seraient une autorité décisive quant à l'incrimination du duel. Mais qu'il n'en est pas ainsi, puisqu'en 1810 la loi ne pouvait se faire qu'avec le concours de trois pouvoirs différents : le pouvoir exécutif, qui avait l'initiative, et l'exerçait par l'intermédiaire du Conseil d'État : une des trois comissions du corps législatif instituées en remplacement du tribunat : enfin, le corps législatif lui-même. Que la part de chacune de ces autorités à la confection de la loi était loin d'être égale alors, comme elle l'est aujourd'hui, entre le Gouvernement et les Chambres.

Que le Conseil d'État était chargé de préparer, d'élaborer et de rédiger les projets de lois, de les présenter au corps législatif dans des rapports imprimés, distribués, connus longtemps à l'avance, et qui seuls étaient appelés *exposés des motifs*; d'entendre, dans des conférences officielles ou officieuses, les observations que ces projets avaient suggérées à la commission du corps législatif; d'y avoir ou non égard, et de soutenir la discussion contre les membres de cette commission en présence du corps législatif lui-même.

Que la Commission dite *du corps législatif*, et improprement appelée de ce nom, puisqu'elle formait un corps à part, différent du corps législatif dans le sein duquel elle était prise, avait été instituée par le sénatus-consulte du 19 août 1807 pour tenir lieu du Tribunat supprimé. Que ses attributions consistaient à délibérer sur les projets de lois qui lui étaient communiqués, et à les adopter ou rejeter par un vote unique sur l'ensemble. Qu'en cas d'adoption, elle faisait connaître les motifs de son vote par l'organe de son président, qui les exposait devant le corps législatif, exposé qu'on appelait *rapport*; qu'en cas de rejet, chacun de ses membres avait le droit d'exprimer son opinion, en prenant la parole avant les orateurs du Gouvernement.

Qu'elle pouvait aussi soumettre ses observations à la section compétente du Conseil d'État, et, en cas de divergence d'opinion, avoir avec elle des conférences présidées par l'archi-chancelier ou l'archi-trésorier de l'empire, suivant la nature des objets à examiner (art. 4, 5, 6, 7, du senatus-consulte du 19 août 1807).

Que cependant cette commission, composée seulement de sept membres, pris dans une assemblée qui en comptait trois cents, n'était appelée à exprimer que son opinion personnelle, et non, comme on l'a supposé par erreur, celle du corps législatif lui-même. Qu'elle n'avait pas le droit d'opposer son projet à celui du Conseil d'État; qu'elle ne pouvait rien amender, rien modifier de son autorité propre; que tout ce qu'elle pouvait faire, quant aux détails de la loi, était de soumettre ses observations au Conseil d'État, qui en faisait tel cas il jugeait convenable. Que la composition numérique de cette commission, et le faible chiffre auquel descendait sa majorité simple, comparés aux deux grands corps entre lesquels elle demeurait presque inaperçue, l'ont toujours fait considérer comme une représentation illusoire du Tribunat, auquel elle a succédé sans le remplacer. Qu'il est même douteux que sa coopération effective fût nécessaire à la formation de la loi, puisque celle du Tribunat, dont elle tenait la place, mais dont elle n'avait pas obtenu toutes les attributions, n'était pas elle-même nécessaire, depuis la loi du 18 nivôse an VIII, art. 2, qui portait : « Si le tribunat ne fait pas connaître son vote sur le

» projet de loi , il est censé en consentir la proposition. »
Que son opinion n'avait plus pour s'éclairer la discussion
qui avait lieu auparavant dans l'assemblée générale du Tribunat , et qui, supprimée avec lui , ne fut suppléée par rien.
Que son vœu n'était pas même présenté par des orateurs de
son choix, et que son président, dont elle n'avait pas la
nomination, était devenu son organe unique et nécessaire ,
et le seul contradicteur des orateurs du Gouvernement (1).
Que ses rapports, vu leur peu d'importance, n'étaient communiqués d'avance à personne, pas même aux orateurs du
Conseil d'État ; que celui de ses membres qui en était
chargé avait à leur égard la plus grande latitude , et, qu'en
fait, ils étaient immédiatement suivis du vote de la loi, sans
contradiction de la part du Gouvernement.

Que le Corps Législatif, composé de 300 membres, adoptait
ou rejetait la loi , après avoir entendu les orateurs du Conseil
d'État et le rapport de la Commission instituée au lieu et
place du Tribunat ; qu'il lui était interdit de proposer aucun
amendement , de faire aucune observation , et de prendre
aucune part à la discussion , et que son droit était borné à
un vote général sur l'ensemble du projet de loi. Art. 34 de
la constitution du 22 frimaire an VIII.

Que, dans cet état de choses, il est évident que l'opinion
manifestée dans le rapport de la Commission dite du corps
législatif, en ce qui touche l'incrimination du duel , si elle
lui était propre , si elle n'a pas été également exprimée par
le Conseil d'État, organe du Gouvernement, ne pouvait pas
revêtir le caractère de la loi, ni s'investir de l'autorité d'une
interprétation législative.

Mais qu'il est certain que cette opinion n'a point été manifestée dans l'exposé des motifs présenté au corps législatif

____

(1) Locré , Législation civile, etc., t. 1, p. 63.

à la séance du 7 février 1810. Que si le contraire a été indiqué par l'auteur de la *Législation civile*, *commerciale* et *criminelle* (1), c'est une erreur suffisamment réfutée par les textes. Qu'il est certain aussi que les procès-verbaux du Conseil d'État ne font aucune mention de sa volonté à étendre aux actes résultant du duel, les dispositions générales relatives aux blessures et aux homicides ordinaires.

Que la conclusion à tirer de ce silence du principal organe du pouvoir législatif est qu'il n'a pas voulu s'occuper du duel, et qu'il n'a pas entendu le régir par le code pénal. Que cette intention a été attestée par un membre du Conseil d'État qui a pris une part active à la confection de ce code (2), qui a assisté à toutes les conférences entre le comité législatif de ce conseil et la commission de législation du corps législatif, et qui affirmait que dans aucune il n'avait été question du duel, et qu'entre les membres du comité du Conseil d'État, il avait été arrêté verbalement qu'il n'en serait pas parlé, et qu'on imiterait à cet égard le silence de l'Assemblée Constituante. Que cette attestation, donnée deux ans à peine après la promulgation du code pénal et rendue publique depuis 1820, n'a pas encore trouvé un seul contradicteur en fait.

Que ce qui prouve surabondamment que ce n'est pas dans ses conférences avec le Conseil-d'État, que la commission du corps législatif a puisé l'opinion que son rapporteur a exprimée sur le duel, c'est qu'elle-même n'en avait pas parlé dans les observations qu'elle a soumises à ce Conseil, le 29 décembre 1809 (3), précisément sur le chapitre relatif aux attentats contre les personnes. Qu'en lisant son travail,

(1) Tom. 30, p. 347.
(2) Merlin, Questions de droit, tom. 6, p. 189.
(3) Locré, ibid., t. 30, p. 442.

on voit qu'elle y examine les diverses classifications de l'homicide et des blessures, et qu'elle y propose plusieurs modifications relatives à la peine du meurtre ordinaire, de l'homicide arrivé dans les 40 jours qui suivent les actes de violence, de l'empoisonnement, du parricide, de la tentative d'assassinat, des coups et blessures suivis de maladie, des blessures faites avec armes, des blessures préméditées, etc., etc.. Que cependant, malgré l'analogie apparente de ces matières avec le duel et ses résultats, elle ne dit pas un mot de ceux-ci.

Que si rien ne prouve que l'avis de la commission dite du corps législatif ait été partagé par le Conseil d'État, on ne peut pas non plus assurer qu'il l'ait été par le Corps Législatif lui-même. Que la commission substituée au tribunat, quoique prise dans le corps législatif, une fois qu'elle était formée, constituait, ainsi qu'il vient d'être dit, un corps à part ; que les opinions qu'elle exprimait, loin d'être la vive voix du corps législatif, c'est-à-dire, d'une assemblée composée de 300 membres, n'étaient que la vive voix d'une réunion de sept individus. Que le corps législatif, plus enchaîné encore que le conseil des anciens, dont il était le successeur, mais qui, s'il ne pouvait amender, pouvait au moins discuter les projets de lois (1), avait été rendu muet par la constitution de l'an VIII. Que sa coopération dans la confection de la loi, se bornait à suivre la formule qui lui était tracée à l'avance, et qui consistait à dire, *décrète*, quand il adoptait, et, *déclare qu'il ne peut adopter*, quand il rejetait les projets qui lui étaient présentés. Que de l'interdiction qui lui était faite de discuter la loi et d'y proposer des amendements, résultait pour lui l'impossibilité de manisfester son opinion sur tel ou tel article plus ou moins

____

(1) Art. 94 et 95 de la constitution de l'an III.

équivoque, plus ou moins susceptible d'extension, et aussi la nécessité d'adopter une loi dont il approuvait l'ensemble, malgré son dissentiment sur une question particulière qui n'avait pas une assez grande importance pour lui sacrifier le projet tout entier. Que, sans doute, sur les points à l'égard desquels les orateurs du Gouvernement et ceux du Tribunat ou de la Commission législative étaient d'accord, son silence forcé pouvait bien, officiellement parlant, équivaloir à une adhésion ; mais que, relativement à une difficulté de droit, quand elle n'était traitée que par l'orateur du Tribunat ou de la Commission législative, et que les orateurs du Conseil d'État s'étaient abstenus de se prononcer, il était bien impossible de discerner, dans le vote muet du corps législatif, ce qu'il approuvait, ou de la réserve du Gouvernement, ou de l'opinion manifestée par l'organe du Tribunat ou de la Commission qui le remplaçait.

Qu'il suit de là que, sur la question du duel, l'avis de la commission qui succédait au tribunat, non-seulement n'a pas eu l'adhésion du Conseil d'État, mais qu'il n'est même pas prouvé qu'il ait eu celle du Corps Législatif.

Qu'à la vérité, on fait deux objections : la première, que les orateurs du Conseil d'État qui ont dû assister au rapport de la commission du corps législatif, n'ayant pas protesté contre l'interprétation que celle-ci faisait de la loi, y ont par cela même donné leur assentiment ; la seconde, qu'après le vote par le corps législatif jusqu'à la promulgation, le délai fatal de dix jours s'étant écoulé sans qu'on ait fait subir aucune modification à la loi, elle est censée constitutionnellement avoir réuni l'adhésion des trois branches du pouvoir législatif.

Mais que, de ces deux objections, il faut d'abord écarter la dernière comme irréfléchie. Que si les lois décrétées par le corps législatif pouvaient être déférées au sénat, dans les dix jours de leur vote, ce droit, aux termes des articles 29 et 38 de la constitution de l'an VIII, n'appartenait qu'au Tribunat, et ne pouvait être exercé que pour cause d'inconstitutionnalité. Que, d'une part, il peut paraître douteux qu'un simple malentendu sur le sens d'un article de loi ait pû constituer ce qu'on appelait alors *inconstitutionnalité*; que, d'autre part, le Tribunat n'existait plus au 17 février 1810. Qu'en supposant que, malgré le silence du senatusconsulte du 19 août 1807, qui avait remplacé le tribunat par des commissions prises dans le sein du corps législatif, cette attribution leur eût été dévolue de plein droit, ce n'était pas à elles à l'exercer contre leurs propres actes. Qu'ainsi, cette objection n'est fondée sous aucun rapport.

Que relativement à l'autre, elle suppose ce qui était alors inadmissible constitutionnellement. Que de tous les gouvernements qui, depuis un demi-siècle, ont passé sur la France, celui qui s'est montré le plus jaloux de l'initiative des lois et le plus résolu à concentrer dans ses mains toute la réalité du pouvoir législatif, est, sans contredit, le gouvernement impérial. Que c'est dans ce but qu'il s'est réservé exclusivement la proposition de la loi, et qu'il est allé jusqu'à interdire le droit d'amendement au Tribunat, aux Commissions qui l'ont remplacé et au Corps Législatif lui-même, interdiction qui ne laissait à ces trois corps constitués qu'une participation illusoire dans la confection des lois, et transportait la véritable puissance législative au sein du Conseil d'État. Que le fait de ce déplacement était devenu si patent, que celui qui l'avait consommé le fit consacrer légalement, et en témoigna publiquement lui-même. Que, dans les motifs de la loi du 16 septembre 1807, on lit que le droit d'interprétation (qu'elle conférait au Conseil d'État) *ne pouvait appartenir qu'à l'autorité qui avait l'initiative de la loi, et qui, chargée de sa rédaction et pro-*

position, connaissait parfaitement l'esprit dans lequel toute loi était conçue. Que, dans le mémorable article officiel inséré au Moniteur du 15 décembre 1808, Napoléon a dit en toutes lettres que le Corps Législatif était improprement appelé de ce nom : qu'il devait être qualifié *Conseil Législatif, puisqu'il n'avait pas la faculté de faire les lois, n'en ayant pas la proposition, et que le Conseil d'État était le corps qui avait de véritables attributions législatives.* Que la vérité de ce fait a passé dans l'histoire et vient encore d'être attestée tout récemment à la tribune nationale par un orateur jurisconsulte qui a dit : *Mais, sous l'empire, les lois ne se faisaient pas dans le corps législatif : ce mot était un mensonge constitutionnel. Elles se faisaient au Conseil d'État. Le corps législatif ne faisait que donner en quelque sorte homologation à une loi déjà faite et qui avait subi toutes les épreuves* (1).

Que, dans cet état de choses, il n'est pas possible de supposer que le droit d'amendement, si soigneusement interdit à la commission du corps législatif, ait pu être exercé par elle, même d'une manière indirecte. Que c'est cependant ce qui serait arrivé, si du silence gardé par les orateurs du Conseil d'État sur l'interprétation donnée au code pénal, par le rapporteur de cette commmission, concernant le duel, il était permis d'induire qu'ils y ont adhéré, et que, par cela seul, elle est devenue partie intégrante de la loi. Que, sous l'empire de la constitution de l'an VIII et du senatus – consulte du 19 août 1807, le sort de tout projet de loi présenté officiellement au corps législatif était, ou d'être rejeté, ou d'être adopté tel qu'il était sorti du Conseil d'État. Qu'il ne pouvait y être apporté aucune modification, soit extensive, soit res-

____

(1) Discours de M. Odilon Barrot à la chambre des députés, séance du 25 janvier 1839, Moniteur du 26.

trictive, ni par la commission substituée au tribunat, ni
par le corps législatif. Que tout retranchement, comme
toute addition, dans le texte comme dans l'interprétation,
que la commission du corps législatif aurait entendu lui
faire subir, ne pouvait produire aucun effet, qu'il y ait eu
ou non contradiction de la part des orateurs du Conseil
d'État. Qu'à la différence du Tribunat, dont le silence, ainsi
qu'on l'a vu, était censé équivaloir à une approbation, le
Gouvernement, investi non-seulement de l'initiative de la
loi, mais aussi du droit exclusif d'en arrêter le texte, d'en
déterminer l'esprit, et d'en limiter la portée d'une manière
irrévocable, se trouvait ainsi chargé d'une mission qui ne
pouvait s'accomplir que par une déclaration expresse, par
un fait actif, et non par le silence ou l'inertie. Que, dans
les conditions qu'il s'était faites, quant à l'exercice du pouvoir législatif, son abstention ou son inaction ne pouvait
produire qu'un effet purement négatif, et n'aboutir qu'au
néant.

Que, dès qu'il est établi, qu'au moment où le code pénal
est sorti du Conseil d'État pour être présenté officiellement
au Corps Législatif, ses dispositions, dans l'esprit qui avait
présidé à leur rédaction, devaient rester étrangères aux
faits résultant du duel, il est constitutionnellement impossible qu'elles y aient été rendues applicables par suite de
l'opinion de la commission du corps législatif, non contredite
par les orateurs du Conseil d'État. Qu'on peut aller plus
loin, et dire que l'impossibilité aurait encore été la même,
dans le cas où les orateurs du Conseil d'État, au lieu de
s'abstenir de toute contradiction, auraient donné leur assentiment à l'opinion de la commission, et cela par deux
raisons principales. Que, d'une part, cette opinion, en
changeant la portée primitive et irrévocable de la loi pénale, en était une modification et constituait un véritable

amendement, ce qui excédait les pouvoirs de la commission. Que, d'autre part, en aucun cas, et même en supposant à la commission ce pouvoir, que bien certainement elle n'avait pas, un tel amendement n'aurait pu être consenti par les orateurs du Conseil d'État de leur autorité privée, parce que, simples commissaires du chef de l'État pour soutenir la discussion de la loi, telle que le Conseil d'État l'avait votée, leur mission n'allait pas au-delà.

Que, d'après le mode suivant lequel s'exerçait alors le pouvoir législatif, il n'y a pas lieu de s'étonner du silence que les orateurs du Conseil d'État ont gardé après le rapport de la commission du Corps Législatif. Qu'il s'explique suffisamment par l'impuissance constitutionnelle de cette commission à rien changer au texte, ou à l'esprit de la loi proposée. Qu'il en résultait que ses rapports, en tant qu'ils n'étaient pas conformes à l'exposé des motifs, étaient sans valeur et sans autorité, leurs erreurs sans danger, et que l'innocuité de celles-ci pouvait dispenser d'en faire la réfutation.

Qu'aussi, durant la confection du code pénal et du code d'instruction criminelle, n'est-il pas arrivé *une seule fois* que le rapporteur de la commission du Corps Législatif ait vu l'orateur du Conseil d'État prendre la parole pour le contredire, et les procès-verbaux de séance se terminaient-ils tous par la formule invariable : *aucun orateur n'ayant demandé la parole, l'Assemblée a passé au scrutin sur la loi proposée.*

Que, si on examine, au fond, le mérite de l'opinion émise dans le rapport de la commission du Corps Législatif sur la question du duel, on trouve, dans son défaut de maturité et de réserve, une preuve nouvelle et surabondante qu'elle était du fait personnel de cette commission, que sa position isolée et sa composition numérique privaient des lumières qui jaillissent toujours de la discussion, dans une assemblée nombreuse et savante.

Qu'en relisant ce rapport, on voit qu'on ne s'y borne pas à exprimer que les résultats du duel seront régis par la loi commune, mais qu'on s'y hasarde à systématiser la matière, en créant une énumération des variétés du duel, et en appliquant à chacune d'elles un mode particulier d'incrimination. Qu'ainsi, on les divise en trois espèces : les rencontres imprévues, les duels instantanés et les duels convenus. Qu'on range la première dans la classe des homicides légitimes ou excusables; la seconde, dans celle des meurtres; et la troisième, dans celle des assassinats : classifications qui, à cause des nombreuses entraves qu'elles pouvaient susciter dans la pratique, et dont il est superflu de parler ici, auraient exigé un langage moins absolu dans la bouche d'un législateur. Que, voulant ensuite justifier l'incrimination du duel par sa moralité et détruire les objections que celle-ci a toujours opposées à celle-là, le rapporteur prend le change et s'égare au point que la doctrine qu'il établit va directement contre le but qu'il se proposait d'atteindre. Que, par exemple, pour écarter l'influence de la convention qui précède le duel, et de la réciprocité des chances qu'il fait courir aux deux agresseurs, il nie que cette convention soit véritablement volontaire et libre : « En vain, dit-il, voudrait-on invo-
» quer une convention entre les duellistes, et la réciproci-
» té des chances qu'ils ont voulu courir dans une action,
» qui, le plus souvent, n'offre de la volonté que l'appa-
» rence; et comment, d'ailleurs, chercher un usage légi-
» time de la liberté dans l'horrible alternative de se faire
» égorger ou de donner la mort ! » Qu'à la vérité, les partisans de l'incrimination du duel ont toujours senti le besoin de réfuter le raisonnement tiré de la convention qui précède le duel. Que, pour y parvenir, ils argumentent de la nullité de cette convention comme illicite et immorale;

mais qu'ils se sont toujours bien gardés, et se gardent encore aujourd'hui, d'argumenter du défaut de volonté, du défaut de liberté des combattants ; car si, dans le duel, la volonté n'est pas libre, si elle est enchaînée par *l'horrible alternative de se faire égorger où de donner la mort*, la conséquence inévitable de cette proposition devrait être l'impunité de l'homicide commis en duel, puisqu'il aurait été involontaire ou autorisé par le besoin d'une défense légitime. Qu'il semble fort douteux qu'une telle doctrine ait subi l'épreuve d'une discussion quelconque ; mais, qu'en tout cas, il est certain qu'elle n'a point été puisée dans les discussions, ni dans les conférences du Conseil d'État, où la contradiction qu'elle renferme n'aurait pas manqué d'être signalée, surtout par les jurisconsultes éminents qui formaient le comité de législation. Qu'une inconséquence de cette nature ne peut s'expliquer que par la préoccupation d'un homme isolé et réduit à ses propres lumières.

Considérant que le législateur de 1810, en supposant qu'il voulût réprimer le duel, était obligé d'avoir une opinion arrêtée sur la question de savoir s'il avait été compris dans les dispositions générales de la législation précédente. Que dès lors, il devait arriver de deux choses l'une : ou il pensait que les actes résultant du duel avaient été assimilés aux blessures et à l'homicide ordinaires par les codes de 1791 et de l'an IV, ou bien que ces actes n'avaient pas été incriminés par ces deux codes.

Que, dans le premier cas, il devait, sans doute, expliquer son intention quant au duel ; mais que, s'agissant de maintenir une incrimination préexistante à ses yeux, il lui suffisait de déclarer dans ses procès-verbaux, exposés de motifs ou rapports, qu'il s'en tenait, à cet égard, à ce qui existait déjà. Que, dans cette hypothèse, on ne comprend pas les efforts qu'a faits la commission du Corps Législatif, par son rapporteur, ni les développements dans lesquels elle est entrée, pour motiver la conservation de ce qui était : le maintien du *statu quo* se justifiant de lui-même. Qu'on ne comprend pas non plus pourquoi elle considère comme une objection à faire à la loi nouvelle le silence qu'elle garde sur le duel, tout en voulant le réprimer, puisque, depuis vingt ans, la loi existante, bien qu'applicable au duel, s'était aussi abstenue de le nommer. Qu'on s'explique encore moins qu'au nombre des raisons qu'elle s'efforce à trouver pour motiver la répression du duel, elle oublie précisément celle qui devait être prépondérante, l'autorité et l'exemple de l'Assemblée Constituante, dont elle s'est prévalue maintes fois sur des points moins importants; et enfin qu'au lieu de raisonner constamment comme s'il s'agissait de faire entrer le duel dans le droit commun, elle ne se soit pas bornée à prouver qu'il n'en devait pas sortir.

Que, dans le cas contraire, c'était pour lui une innovation législative de la plus haute importance, entourée des difficultés les plus ardues, qui devait susciter de nombreuses objections, provoquer un violent choc d'opinions contradictoires, et qui, par cela seul, demandait à être mûrie par de longues et graves méditations. Que rompre subitement avec un passé qui comptait vingt ans d'existence ; abandonner les voies de l'Assemblée Constituante, jusque-là suivies avec tant de confiance ; ouvrir tout à coup la lutte avec une opinion publique qui devait se croire d'autant plus forte, qu'elle avait pour elle les codes de 91 et de l'an IV ; enfin, ériger le duel en meurtre et en assassinat, en face de l'ascendant militaire du régime impérial, était une entreprise qui valait bien qu'on en délibérât, qui méritait bien qu'on en dît quelque chose, et demandait, au moins, à être expliquée par quelques motifs. Qu'alors on ne conçoit pas qu'une telle résolution ait été proposée, délibérée, arrêtée et convertie en loi, sans qu'il en soit resté la moindre trace dans les procès-verbaux du conseil, sans qu'il en ait été dit un seul mot dans l'exposé de ses orateurs, et que le pouvoir législatif ait délaissé ce soin à une commission composée de sept membres et qui n'était point son véritable et principal organe ; qui, de son autorité propre, ne pouvait rien introduire dans la loi qui n'y fût déjà ; qui n'en connaissait que traditionnellement, en quelque sorte, l'esprit et la portée ; qui, enfin, constitutionnellement parlant, ne pouvait en dire et en penser que ce qu'avant-elle, en avait déjà dit et pensé le Conseil d'État lui-même.

Que c'est inutilement qu'on voudrait suppléer au silence du Conseil d'État par un mot attribué à un de ses membres, qui, interrogé pourquoi le code pénal n'avait pas parlé du duel, aurait répondu qu'on n'avait pas voulu lui faire l'honneur de le nommer. Que cette parole, empreinte de plus d'impatience que de réflexion, et dépourvue de tout caractère officiel, ne peut, sous aucun rapport, fonder un argument juridique. Que l'induction qu'on voudrait en tirer s'évanouirait devant cette vérité incontestable, que les lois, et surtout les lois pénales, ne sauraient consister en pures abstractions, et qu'elles doivent se formuler en déclarations explicites : vérité qu'en la singularisant, un récent arrêt de Cour royale a exprimée avec justesse, en disant que le législateur ne punit pas les crimes par *le dédain de son silence* (1). Que le législateur manquerait à sa propre dignité et à la justice tout à la fois, si, se jouant de la fiction légale qui répute les lois connues de tous les citoyens, il prétendait l'étendre à de mystérieuses réticences ou à des pensées intimes qu'aucune forme extérieure ne rendrait apparentes et vulgaires.

(1) Arrêt de la Cour de Paris, du 10 août 1838. Gazette des tribunaux du 3 février, 1839.

Que, pris au sérieux, ce mot n'aurait pas de sens aux yeux de la raison, Qu'on ne peut comprendre qu'après avoir épuisé la triste nomenclature des forfaits dont est capable la perversité humaine, la loi ait répugné à inscrire le mot *duel* sur les mêmes tables où elle avait déjà écrit les mots *viol, assassinat, parricide.* Que cette répugnance serait surtout incompréhensible chez une nation où, loin d'avoir été universelle et absolue, comme celle de l'homicide ordinaire, la moralité du duel a varié d'époque à autre, et a subi de brusques et complètes transformations; où l'autorité de la loi, quand elle a voulu le proscrire. s'est vue paralysée par la force des mœurs ; et où la tentative de son incrimination, aux jours mêmes où nous vivons, éprouve plus de résistance et plus d'obstacles qu'en nulle autre contrée.

Que cette divergence de sentiments sur le caractère du duel, considéré comme fait répressible, était, au contraire, un motif de plus de le nommer en toutes lettres, si le législateur avait voulu l'incriminer par le code de 1810 : car, alors, dans cette hypothèse, il y avait erreur commune sur son incrimination ; le fait patent de son impunité avait produit la croyance de son impunité en droit ; l'opinion publique s'égarait en consacrant une coutume meurtrière et barbare ; les citoyens les plus honorables, ceux-là mêmes qui, par état, doivent l'exemple du respect aux lois, se laissaient subjuguer eux-mêmes par l'empire tyrannique de cette coutume, sans se douter qu'ils les violassent. Que, dans un pareil état de choses, c'était pour le législateur un devoir de justice et d'humanité d'éclairer l'opinion publique et de détruire l'erreur commune, en proclamant bien haut que le duel serait désormais considéré et puni comme un crime.

Que de toutes ces considérations de droit et de fait, il

sort la preuve évidente que l'avis exprimé dans le rapport de la commission du corps législatif, quant à l'incrimination du duel, n'a pas été la pensée collective du pouvoir législatif de cette époque, et qu'il n'était que l'opinion isolée d'une des trois branches de ce pouvoir, qui n'avait aucune mission pour déterminer l'esprit et la portée de la loi.

Qu'ainsi s'expliquent le discrédit et le défaut d'autorité de cette opinion, même à l'époque la plus voisine de son émission. Qu'aucun des jurisconsultes qui ont écrit sur le nouveau droit criminel n'en a tenu le moindre compte, pas plus l'auteur du *Répertoire de jurisprudence* que l'auteur du *Nouveau répertoire*, bien que tous deux aient fait partie, l'un du Conseil d'État, l'autre du Corps Législatif, lors de la discussion du code pénal de 1810. Que, chose plus remarquable encore, la Cour de Cassation, qui maintes fois, sur des questions douteuses, a cité comme autorité les documents puisés dans la discussion des nouveaux codes, a toujours gardé le silence le plus absolu sur cet avis de la commission du corps législatif, chaque fois qu'elle a été appelée à se prononcer sur la question du duel. Que, durant toute la période de sa première jurisprudence, l'autorité de cet avis a été, à diverses reprises, discutée devant elle, même en sections réunies, et par son procureur général en personne. Que, depuis que sa jurisprudence a changé sur cette question, le même avis a encore été soumis plusieurs fois à son appréciation, et dans des circonstances non moins solennelles, et que cependant jamais, soit qu'on le lui dénonçât comme une opinion sans valeur et ne méritant pas qu'on s'y arrêtât, soit qu'on le lui présentât comme le commentaire officiel de la loi et formant un argument sans réplique, elle n'a voulu en faire aucune mention dans les motifs de ses arrêts, ni pour le repousser, ni pour l'admettre : silence d'autant plus significatif, que la plupart des arrêts de Cours royales , sur le pourvoi desquels elle a eu à statuer depuis vingt ans en matière de duel, étaient fondés en partie sur l'effet qu'ils lui avaient accordé ou refusé.

Que cette constante et unanime persévérance à n'y voir, ni une objection assez sérieuse pour avoir besoin d'être réfutée, ni une autorité assez grave pour qu'on pût s'en prévaloir, révèle assez clairement la pensée de la Cour de Cassation elle-même sur la valeur de ce document législatif.

Que, postérieurement à la promulgation du code pénal de 1810, le législateur a plusieurs fois prouvé, par ses actes ou ses paroles, que ce code n'avait point incriminé les faits résultant du duel. Qu'en 1824, voulant apporter un premier adoucissement aux rigueurs de ce code, il a choisi, dans ses diverses catégories , les faits qui, par leur nature, appelaient, les premiers, une atténuation dans les peines dont ils étaient frappés. Qu'au nombre de ces faits, à l'égard desquels il a permis une déclaration de circonstances atténuantes, se trouvaient une variété de l'homicide et les blessures graves. Que si l'homicide résultant du duel avait été compris alors dans la classe des meurtres et des assassinats, il n'est pas douteux, qu'à raison de son caractère particulier, il eût été rangé aussi parmi les faits à l'égard desquels les tribunaux avaient la faculté de déclarer des circonstances atténuantes. Que cela paraît d'autant moins douteux, qu'aujourd'hui même, les partisans de l'incrimination du duel reconnaissent qu'il porte en lui des motifs d'atténuation du droit commun. Qu'il y a même cela de remarquable, qu'à l'époque de la promulgation de la loi du 25 juin 1824, le conflit de jurisprudence entre la Cour de Cassation et les Cours royales, sur la question du duel, était précisément au plus fort de sa crise, et qu'il devait

nécessairement fixer l'attention du législateur. Que, d'ailleurs, en appelant les actes résultant du duel à participer
aux modifications introduites en faveur de certains crimes,
il aurait obtenu le double avantage de faire un acte de justice et de mettre un terme à la contrariété des arrêts. Que
si, néanmoins, il a gardé le silence sur le duel, la conséquence qu'on doit en tirer, c'est qu'il ne pensait pas qu'il
fût alors répressible d'après le droit commun.

Que, du reste, il l'a déclalé lui-même quelques années
plus tard en termes assez explicites pour lever tous les
doutes. Qu'en 1829, il fut présenté à la chambre des pairs
un projet de loi sur le duel, dont les principales dispositions
avaient pour objet; 1° de donner aux chambres d'accusation,
à l'exclusion des chambres du Conseil, la connaissance de
toute procédure instruite pour cause de duel, mais de leur
interdire le droit d'apprécier elles-mêmes les circonstances
qui, de droit commun, ôtent aux faits leur criminalité ; 2°
d'admettre comme cause d'excuse la provocation par outrages
ou injures graves ; 3° d'attribuer au jury le jugement de tous
les faits résultant du duel, quelque peu graves qu'en fussent les résultats ; 4° de rendre obligatoire, dans chaque
affaire, la position d'une question relative aux faits d'excuse ;
5° de déclarer, moyennant ces modifications, le code pénal
applicable à tous les faits de duel reconnus constants par le
jury.

Que le ministre de la justice, bien que, dans l'exposé des
motifs de ce projet, il n'ait pas fait connaître l'opinion du
Gouvernement sur la question alors si vivement débattue
entre la Cour de Cassation et les Cours royales, n'a cependant pas tardé à l'exprimer dans le cours de la discussion.
Qu'à la séance du 12 mars, ayant à justifier le projet, du reproche d'enlever aux chambres d'accusation le jugement des
faits constitutifs de la criminalité, et aux chambres du con-

seil, la conduite de la procédure primitive, droits qui leur appartiennent dans les matières ordinaires, il s'est exprimé en ces termes :

   « On a supposé qu'on enlevait aux chambres d'accusation
» des Cours royales une de leurs attributions. On n'a pas fait
» attention que *les faits résultant du duel, dans l'état actuel,*
» *ne sont point incriminés par le code pénal ;* que la loi que nous
» proposons a pour but de les atteindre ; qu'on établit à
» leur égard un mode spécial et particulier de procéder. On
» n'ôte donc rien aux chambres d'accusation : on se contente
» de déterminer le rôle qu'elles auront à jouer dans cette
» procédure nouvelle.

   » On s'étonne, dit-on, que le projet de loi qui investit les
» chambres d'accusations d'une confiance spéciale, en les sub-
» stituant par privilége aux chambres du Conseil, leur refuse
» cependant le droit qu'elles ont dans les circonstances ordi-
» naires, d'apprécier les exceptions qui effacent la crimina-
» lité du fait. Mais on ne réfléchit pas que ces exceptions, *in-*
» *scrites dans un code qui n'a pas prévu les faits résultant du duel,*
» ne lui sont point naturellement applicables, etc.

   » Si l'on considère les faits qui résultent du duel comme
» pouvant être assimilés aux délits ou aux crimes communs
» définis par le code pénal ; si l'on pense que rien ne le
» distingue d'un vol simple ou d'un vol qualifié, d'un faux
» en écriture publique ou d'un *assassinat,* on a raison de
» dire qu'il ne fallait rien changer à la marche ordinaire de
» la procédure. Mais si l'on pense *avec nous que les faits ré-*
» *sultant du duel ont un caractère particulier ;* qu'ils se compli-
» quent des mœurs, des préjugés, des habitudes ; que dans
» cette noble enceinte, même, tant de bons esprits, tant
» d'hommes supérieurs sont divisés sur leur appréciation,
» on sera porté à croire avec nous qu'il y a quelque chose à
» changer à la procédure, et que la conduite n'en doit pas

» être abandonnée à un simple juge d'instruction et à un
» tribunal peu nombreux. »

Que dans ce projet de loi , bien qu'il n'ait pas eu de suite
après le vote de la chambre des pairs , il y a deux choses à
considérer ; d'abord, ses dispositions en elles-mêmes , notamment celle qui érigeait en fait d'excuse légale la provocation par outrages ou injures graves : dispositions qui, par
l'importance de leur résultat, quant à la nature de la peine
applicable , s'écartaient si loin du droit commun , qu'elles
témoignaient clairement de l'impossibilité, en fait et en
droit, de l'appliquer d'une manière absolue aux actes résultant du duel, surtout dans des législations qui, comme celles
de 1791, de l'an IV et de 1810 , ne comportaient aucune
atténuation discrétionnaire dans l'application de la peine ;
ensuite, le caractère officiel des paroles du ministre de la
justice , qui , dans cette circonstance, était l'organe du Gouvernement, exerçant son droit législatif pour l'initiative de
la loi.

Qu'en 1832 , une nouvelle occasion s'est présentée au
législateur de manifester son opinion sur la question du
duel. Que la loi du 28 avril a eu pour objet, non-seulement
de proportionner toutes les peines à la gravité des délits, mais
encore de lever les doutes que la rédaction du code de 1810
avait fait naître à l'égard de certains crimes et de la peine
qu'ils encouraient. Que, notamment en matière d'homicide,
elle a créé une nouvelle spécialité, pour faire cesser la divergence d'opinions qui existait quant à la peine applicable à
l'homicide résultant de blessures faites sans intention de
donner la mort. Qu'à l'époque où cette loi a été discutée ,
on était encore sous l'empire de la première jurisprudence
de la Cour de Cassation, et sous l'impression de la lutte qui
se continuait entre elle et plusieurs Cours royales quant à
l'incrimination du duel. Que les esprits étaient d'autant plus

préoccupés de la divergence des opinions à cet égard, qu'elle avait déjà donné lieu à un référé, trois années auparavant. Qu'ainsi, le pouvoir législatif était suffisamment averti ; que même il avait été mis officiellement en demeure de se prononcer sur l'interprétation de la loi. Que, s'il avait pensé que l'opinion de la Cour de Cassation n'était pas conforme à l'esprit du code de 1810, et que les faits résultant du duel étaient soumis au droit commun, il se fût d'autant moins abstenu de le déclarer, que le système atténuant qu'il proposait d'établir levait un des obstacles qui, sous les précédentes législations, s'étaient opposés à l'assimilation entre l'homicide commis en duel et l'homicide ordinaire. Que, cependant, il s'est tû ; et, chose remarquable, dans une conjoncture où son approbation de l'un ou de l'autre des deux systèmes opposés offrait cette différence, qu'elle ne pouvait s'exprimer que par le silence à l'égard de celui de la Cour de Cassation, et, qu'à l'égard de l'autre, elle avait besoin d'une déclaration positive. Qu'ainsi, son silence, en 1832, n'est pas moins significatif que les paroles du Gouvernement en 1829.

Considérant que, si le législateur de 1791 n'a pas voulu incriminer les actes résultant du duel, et si, en 1810, celui des organes du pouvoir législatif, qui était en possession du droit exclusif et non contesté de déterminer le sens des lois et d'en faire connaître les motifs, n'a témoigné nulle part qu'il voulût hasarder une pareille innovation législative, on ne peut chercher à l'induire de la généralité des dispositions du code actuellement en vigueur, sans encourir le reproche de donner à la portée de ce code une extension que sa pensée désavoue, et de l'entraîner de vive force au-delà des limites qu'il s'est posées à lui-même. Que, s'il se pouvait que le sens indéfini des expressions dont il s'est servi se prêtât à colorer littéralement cette interprétation excessive, celle-ci n'en serait ni plus vraie ni moins illégale. Mais que les termes combinés de la loi de 1810, abstraction faite de son esprit, ne peuvent pas même autoriser le sens exubérant qu'il faudrait leur donner pour atteindre les actes résultant du duel.

Considérant qu'afin d'établir l'incrimination de ces actes, on se prévaut des articles 295 et 296 du code pénal, pour les cas où le résultat du duel a été un homicide, et des articles 309 et 310, pour celui où le duel n'a occasionné que des coups ou des blessures.

Que cette application du droit commun aux résultats du duel a, pour première conséquence, une contradiction avec les principes du droit commun lui-même. Qu'on ne comprend pas d'abord, qu'un homicide commis en duel et dès lors précédé d'une convention intervenue entre les deux adversaires, convention qui présente toujours les caractères d'une volonté arrêtée à l'avance, puisse constituer un simple meurtre, c'est-à-dire, un crime exclusif de la préméditation. Que, dans l'hypothèse d'une attaque par surprise et dépourvue des garanties déstinées à préserver de toute perfidie ou déloyauté, le fait, sortant de la catégorie des aggressions appelées *duels*, deviendrait étranger à la question en litige. Qu'on n'aperçoit donc pas en quel cas l'art. 295 pourrait recevoir application à l'homicide commis en duel.

Qu'en vain on veut tirer avantage de ce que la disposition de cet article est absolue et qu'elle ne comporte aucune exception. Que tout péremptoire qu'il paraisse au premier coup d'œil, ce raisonnement rencontre bientôt un obstacle à la portée indéfinie qu'on veut lui donner. Que pour peu qu'on y réfléchisse, on est forcé de reconnaître que la définition donnée par l'article 295 au meurtre, considéré sous le rapport de l'incrimination pénale, ne peut se suffire à elle-méme, et qu'elle demande sous ce rapport une précision plus spécifique. Que cette précision, qui la restreint, il faut de toute nécessité qu'elle l'accepte et la subisse, car elle résulte forcément de la conférence de l'art. 295 avec l'art. 296. Que de la comparaison de ces deux textes, sort la conséquence inévitable qu'il n'y a crime de meurtre qu'autant qu'il n'y a pas de préméditation, et que dès lors le meurtre ne peut-être autre chose que l'homicide volontaire commis dans un premier mouvement et sans dessein formé avant l'action. Que tel est d'ailleurs le caractère qui lui a été explicitement et officiellement assigné par le législateur de 1791 dans l'instruction décrétée par l'Assemblée Constituante les 29 septembre et 21 octobre 1791, et par celui de 1810 dans l'exposé des motifs du 7 février même année. Que telle est encore, ainsi qu'on l'a vu, la définition qu'en ont donnée les anciens criminalistes, sous le nom *d'homicide simple* qu'il portait alors. Qu'on peut nier la nécessité et la légalité de cette définition; mais qu'on ne la refutera point, parce qu'elle est dans la nature des choses, parce qu'elle ressort du parallèle des textes de la loi, aussi ostensiblement que si elle y était écrite en toutes lettres, et parce que isoler des textes essentiellement corrélatifs pour éviter la lumière qui jaillirait de leur contact, serait une méthode qui n'a jamais été et ne sera jamais juridique.

Que vouloir s'attacher exclusivement à la formule grammaticale de l'article 295, se retrancher dans le vague qui l'embarrasse, s'obstiner à n'en pas sortir, repousser comme étranger à cette disposition tout ce qui ne s'y trouve pas littéralement énoncé, et, de ce qu'elle déclare meurtre tout homicide commis volontairement, conclure que l'homicide résultant du duel, étant volontaire, constitue nécessairement un meurtre, ce serait étreindre la lettre de la loi pour en combattre l'esprit et se servir du sophisme pour étouffer le raisonnement. Qu'un tel système d'argumentation ne conduirait à rien moins qu'à faire revivre d'anciennes incriminations, qui, de l'avis unanime des criminalistes, sont aujourd'hui abolies, et à en créer qui n'ont jamais existé. Qu'ainsi, à l'aide de ce sophisme, on arriverait à ériger en crime le fait de tout individu qui aurait en vain tenté de se détruire lui-même, ou qui, par une coopération indirecte, aurait facilité, soit un suicide consommé, soit seulement sa tentative, puisque le suicide, étant un homicide volontaire, sa tentative comme sa complicité devrait constituer celle du meurtre. Que, par une conséquence ultérieure, mais nécessaire, on pourrait aussi punir comme crimes ou délits, suivant les circonstances, les blessures ou mutilations qu'il plairait à chacun de faire ou d'exercer volontairement sur sa propre personne.

Qu'il n'est pas en effet un seul des raisonnements employés pour assujettir le duel au droit commun, qui ne puisse également servir à y soumettre les faits de suicide non consommé. Qu'ainsi, à supposer qu'avec les seuls moyens que fournit le code pénal actuel, et pour échapper aux embarras d'une loi spéciale, on prît la résolution d'arrêter par une répression sévère la déplorable tendance qui, de nos jours et dans toutes les classes de la société, entraîne tant d'individus à mettre eux-mêmes un terme à leur existence, il n'y aurait qu'un nom à substituer à un autre, et aussitôt tous les raisonnements puisés dans le texte des articles 295, 296, 309 et 310, se trouveraient applicables à l'homme qui tente de se suicider, ou qui se blesse ou se mutile volontairement. Qu'il n'y a pas jusqu'aux considérations puisées dans la morale, la religion et l'ordre public, qui ne pourraient aussi venir en aide à ce mode d'interprétation du code pénal.

Qu'en vain on opposerait que du principe que la mort éteint l'action publique, et de l'abolition des peines de la claie et du refus de sépulture infligées autrefois aux cadavres des suicidés, résulte la preuve que la loi a laissé les faits du suicide sans répression.

Qu'à cela on répondrait que le suicide est un homicide volontaire, et que celui-ci est qualifié meurtre par l'art. 295 du code pénal. Que si le fait de suicide consommé échappe à la répression, ce n'est pas que la loi n'ait pas voulu le punir; mais parce qu'aucune des peines qu'elle a sanctionnées ne peut lui être appliquée, pas plus qu'à l'homicide réciproque commis dans un duel, ou à la tentative d'homicide imputable à celui des deux adversaires qui y a succombé. Qu'il n'y a d'exceptions au droit commun que celles qui résultent de la force des choses ou d'une disposition expresse, et que son empire s'étend sur tout le reste. Que le code punit la tentative d'homicide volontaire ainsi que les faits de complicité indirecte qui se rapportent soit à la tentative, soit au crime consommé. Que, par conséquent, la complicité indirecte et la tentative du suicide sont régis par le droit commun, par cela seul qu'ils constituent des actes d'homicide volontaire.

Que si on objectait que les codes de 1791 et de 1810 n'ont pas nommé les actes du suicide, on répondrait, comme pour le duel, que le suicide, étant une variété de l'homicide, les actes qui s'y rapportent se trouvent de plein droit compris dans l'homicide volontaire, qui est le genre.

Que si on voulait se prévaloir de ce que, par homicide volontaire, le code pénal n'a évidemment voulu parler que de l'homicide d'autrui ; que si on ajoutait que cette défi-nition, bien qu'elle ne soit pas écrite littéralement dans l'art. 295, ne résulte pas moins au plus haut degré de certitude, du rapprochement de cet article avec plusieurs autres qui ont avec lui des rapports intimes et nécessaires ; on répondrait, comme pour le duel, que la disposition de l'art. 295 est absolue, et qu'elle ne comporte aucune exception.

Que si, enfin, insistant sur les règles particulières à l'interprétation des lois criminelles, on faisait observer qu'il est de principe incontestable qu'aucune action ne peut être passible d'une peine quelconque, si elle n'a pas été formellement déclarée crime, délit ou contravention par la loi ; on répondrait toujours, comme pour le duel, que les faits relatifs au suicide n'ont pas été rangés par la loi au nombre de ceux qu'elle déclare légitimes ou excusables.

Considérant que, si la qualification de meurtre ne peut appartenir à l'homicide commis en duel, celle d'assassinat ne lui convient pas davantage. Que le caractère propre de l'assassinat n'a jamais été sujet à controverse, ni dans l'ancien ni dans le nouveau droit. Que ce crime emporte avec lui, suivant le langage des anciens jurisconsultes, l'idée d'un avantage, d'un dol, d'une surprise ou d'une trahison. Qu'il consiste essentiellement dans une agression homicide, préméditée contre un tiers, mais non concertée à l'avance avec lui, et lors de laquelle, s'il y a eu résistance, la défense a été précédée et provoquée par l'attaque.

Qu'à cette doctrine, professée pendant un grand nombre d'années par la Cour de Cassation elle-même, on n'a jamais pu rien opposer, si ce n'est l'objection prise de ce que les termes de l'art. 296 du code pénal sont absolus et ne comportent aucune exception. Mais que, si cette objection a été détruite en ce qui concerne l'art. 295, elle l'est aussi et par les mêmes raisons quant à l'art. 296, puisque, pour l'un comme pour l'autre, elle aurait les mêmes conséquences. Qu'il est de toute évidence qu'en substituant à la thèse du duel celle du suicide, elle conduirait en droite ligne à l'incrimination de celui-ci à titre d'assassinat tout aussi facilement qu'à titre de meurtre, par la raison que les actes

4*

du suicide comportent aussi la préméditation, et que même, en général, elle en est une des circonstances habituelles. Qu'ainsi, à moins d'admettre que, dans le système du code pénal, la tentative ou la complicité indirecte du suicide constitue un crime capital, on est obligé de reconnaître que les termes des art. 295 et 296 reçoivent au moins une exception. Que, par conséquent, le prestige attaché à leur généralité est détruit. Que l'argumentation qu'on en tirait était fausse. Qu'il n'est pas plus vrai de prétendre que tout homicide volontaire accompagné de préméditation, constitue l'assassinat sans aucune exception, qu'il n'est exact de dire que tout homicide volontaire constitue le meurtre, dans tous les cas. Et qu'enfin, s'autoriser du vague de ces deux dispositions pour atteindre les actes du duel, ce serait prendre pour la vertu de la loi ce qui précisément constitue l'imperfection de son texte.

Que d'ailleurs ce mode d'interprétation, le plus vicieux de tous, qui consiste à combattre le sens doctrinal et universel d'une loi par la matérialité de son texte, rencontrerait encore un obstacle insurmontable dans une autre de ses conséquences, et que si, d'un côté, il fournit le moyen d'établir l'incrimination du duel, de l'autre, il donne ceux de la paralyser complétement. Que s'il était une fois admis qu'il ne faut voir dans la loi pénale que sa lettre exclusivement, ce principe, qui sans doute n'aurait pas été établi uniquement en vue des articles 295 et 296, devrait s'appliquer aussi à l'art. 328 portant qu'il n'y a ni crime ni délit lorsque l'homicide, les blessures et les coups étaient commandés par la nécessité actuelle de la légitime défense de soi-même ou d'autrui. Que dans le duel, cette nécessité existant pour les deux adversaires du moment où le combat, une fois commencé, les met, suivant les expressions de la commission du Corps Législatif, dans l'horrible alternative de se faire égorger ou de donner la|mort, il faudrait en conclure qne l'homicide et les blessures résultant du duel sont en eux-mêmes légitimes.

Que si on voulait contester cette conséquence, en soutenant que, dans le duel, le danger, ayant été volontaire, fait par cela même disparaître la nécessité et la légitimité de la défense, on répondrait que l'art. 328 est absolu dans ses termes, et qu'il ne fait point ces distinctions. Qu'en se servant des mots *nécessité actuelle*, il témoigne suffisamment qu'il n'entend s'occuper que de la *réalité* du danger au moment où il commence, sans distinguer entre les causes plus ou moins lointaines, plus ou moins volontaires, qui ont pu lui donner naissance. Qu'il ne dit nulle part que la légitimité de la défense devra disparaître là où le danger aura été facultatif dans son principe, bien qu'il ait cessé de l'être dans son actualité, ni que la participation quelconque de la volonté à la cause primitive du fait qui met la vie en péril, privera celui que ce péril menace, du droit de s'en défendre, et lui imposera l'obligation légale de se laisser mettre passivement à mort. Que la disposition de l'art. 328 est générale, qu'elle ne comporte aucune exception, et que là où le législateur ne distingue pas, le juge ne doit pas distinguer.

Que si, néanmoins, pour établir que l'exception de la légitime défense n'est pas applicable aux actes résultant du duel, on ne se fait pas scrupule de sortir du texte do l'art. 328 afin de s'éclairer de son commentaire, il n'y a pas de raison pour qu'il n'en soit pas de même à l'égard des art. 295 et 296. Qu'on ne comprend pas pourquoi il serait permis de dissiper le vague de l'art. 328 en ce qui concerne les caractères de la légitime défense, et d'imposer à la généralité de ses termes des restrictions prises en dehors de son texte et empruntées à la doctrine, tandis qu'il serait interdit d'agir de la même façon et de puiser à la même source, pour éclairer la lettre trop indéfinie des art. 295 et 296, en ce qui concerne les caractères exclusivement distinctifs du meurtre et de l'assassinat ; pourquoi, lorsqu'il serait question d'incriminer le duel, il y aurait latitude discrétionnaire de consulter les lumières de la science ou de leur résister, d'écouter la voix des jurisconsultes ou de lui imposer silence, de voir dans les termes de la loi un texte sacramentel ou une formule flexible et sujette à controverse ; tandis que lorsqu'on voudrait réfuter cette incrimination, il faudrait rester asservi à la lettre morte du texte, quelque défectueux qu'il pourrait être ; pourquoi enfin, dans cette matière, plutôt qu'en toute autre, la loi aurait deux faces, deux poids et deux mesures.

Qu'une fois les caractères de l'assassinat déterminés d'une manière spécifique et exclusive, il devient certain que l'homicide résultant du duel ne peut pas les revêtir, puisqu'il est de l'essence de ce genre d'agression que l'attaque et la défense soient simultanées et réciproques, qu'elles aient lieu du consentement des deux parties, et qu'elles aient été entre elles l'objet d'une convention antérieure.

Qu'à la vérité, on oppose que la convention qui précède le duel, étant contraire aux bonnes mœurs et à l'ordre public, est nulle de plein droit et ne peut produire aucun effet. Mais que, raisonner ainsi, c'est confondre des idées fort distinctes, et méconnaître le rapport sous lequel cette convention demande à être envisagée. Que s'il s'agissait de la considérer comme un contrat en vertu duquel deux hommes prétendraient se donner l'un sur l'autre droit de vie et de mort, transformer de leur autorité privée un crime qualifié, en une action licite ou indifférente, et se faire remise à l'avance de la peine que la loi attache à ce crime, il faudrait sans nul doute se prononcer pour la nullité d'un pacte aussi déraisonnable qu'odieux ; mais qu'il n'est jamais venu à l'esprit de personne d'attribuer de pareils effets à la convention du

duel. Que jamais on ne s'en est prévalu comme d'un contrat
capable de former un lien de droit entre les deux agresseurs,
ou d'enchaîner l'action publique contre un crime qualifié, et
encore moins de métamorphoser un fait criminel en un fait
licite, licite en ce sens surtout que, par sa légitimité absolue,
il dût échapper à toute incrimination ultérieure. Qu'il faut
simplement voir dans cette convention une circonstance in-
hérente au duel et qui en forme un de ses éléments obligés;
un fait matériel, dont il est bien impossible de prononcer la
nullité, à aucun titre ; un fait appréciable comme toutes les
autres actions humaines; un fait, enfin, dont l'influence réelle
et morale a pour résultat, non pas de rendre le duel légitime
en soi, ni d'empêcher qu'une loi ultérieure puisse l'atteindre
avec justice, mais seulement de différencier tellement ses
résultats du meurtre, de l'assassinat et des blessures ordinaires, que la qualification de ces crimes ou délits ne puisse
pas lui être appliquée, et d'en faire, par sa constitution propre, un acte spécial qui, pour trouver place dans les catégories des lois pénales, a besoin d'une disposition expresse
et particulière.

Que l'influence de cette convention, considérée comme
fait et non comme contrat, sur le caractère des actes résultant du duel, est tellement inévitable, qu'elle est admise
même par les jurisconsultes qui soutiennent applicables au
duel les lois pénales actuelles. Que seulement, au lieu de
lui laisser sa portée toute entière, ils la modifient, la res-
treignent, et ne l'acceptent que partiellement. Qu'ainsi, pour
déterminer le degré d'incrimination applicable à de simples
blessures faites en duel, on s'est autorisé de la convention
qui avait précédé le combat, et qu'on a décidé qu'elles ne
constituaient qu'un simple délit, parce qu'avant l'agression,
il avait été convenu qu'elle cesserait *au premier sang*. Que
cependant la convention de ne se faire que de simples bles-

sures n'est pas plus valable sous le rapport de la légalité que celle de se faire des blessures mortelles.

Q'ainsi, encore, on a concédé, bien qu'avec une sorte de réserve, que l'effet de la convention pourra constituer, soit une excuse légale, soit une circonstance atténuante.

Mais que cette restriction des effets de la convention est évidemment inadmissible, parce qu'elle est tout à la fois, arbitraire, illégale et irrationnelle.

Arbitraire, parce que la loi, dans aucune de ses disposi tions, n'en a fixé, ni le degré, ni les limites.

Illégale, parce que les faits d'excuses ont été spécifiés d'une manière exclusive par le législateur, et que la convention préalable du duel, n'ayant pas été comprise dans leur nombre, ne saurait y trouver place.

Irrationnelle enfin, parce que le pouvoir atténuant, étant une création nouvelle et de longtemps postérieure à la promulgation du code pénal, on ne s'explique pas comment juges où jurés auraient pu faire droit à l'atténuation résultant de la convention, durant toute la période de temps qui a précédé la promulgation de la loi du 28 avril 1832.

Mais que ce système encourt un autre reproche d'illégalité bien plus grave encore, en ce qu'il aurait pour résultat de créer une catégorie de crimes et de délits inconnus dans la législation française, c'est-à-dire des crimes et des délits atténuables de plein droit, et par leur nature intime. Que la convention, étant un élément inséparable du duel, si, par sa propre vertu, elle devait constituer une circonstance atténuante, il s'en suivrait que tous les actes résultant du duel porteraient en eux-mêmes toujours, et dans tous les cas, une cause nécessaire d'atténuation, et que les peines que la loi y attache nominalement seraient aussi toujours comminatoires, puisqu'elles devraient chaque fois être remplacées par une peine d'un ou de plusieurs degrés inférieure.

Que, cependant, il est dans la nature des causes d'atténuation d'être accidentelles, de faire l'exception et non la règle, d'avoir leur principe dans des circonstances variables et placées en dehors des éléments contitutifs des faits incriminés. Que notre système pénal n'en reconnaît pas qui soient acquises de plein droit, d'une manière permanente et irrévocable à tels crimes ou délits. Que le législateur, lorsqu'il décerne des pénalités, les proportionne à la gravité des faits qu'il incrimine, considérés dans leur état normal. Que, si ces faits portent avec eux et dans leur propre nature des causes d'atténuation, c'est lui-même qui en tient compte, en modifiant proportionnellement la peine ou la qualification. Qu'il se manquerait à lui-même, et cesserait d'être juste, si, pour faire droit à une atténuation dont le principe est invariable et certain, il s'en remettait aux hasards du jugement des hommes.

Que, du reste, l'effet de ces concessions, plutôt indiquées qu'offertes, ne pouvait servir qu'à pallier et non à surmonter les obstacles que la nature du duel oppose à l'application du droit commun ; mais que leur illégalité devait tôt ou tard en entraîner la rétractation. Que la nécessité de cette rétractation s'est fait sentir promptement, et que tout récemment elles viennent d'être retirées.

Que déjà il en avait été de même d'une autre modification qu'on espérait aussi apporter aux rigueurs du droit commun, en ce qui concerne les duels non suivis d'homicides, de coups, ni de blessures. Qu'à leur égard, et à l'exemple du ministre de la justice de l'an IX, l'organe du ministère public avait déclaré, devant la Cour de Cassation, qu'ils ne donneraient lieu à aucune poursuite, ni, par conséquent, à l'application d'aucunes peines, parce que la nouvelle législation ne voulait s'attacher qu'aux résultats matériels. Que cependant six mois plus tard, et jour pour jour, la Cour de

Cassation jugeait déjà qu'un duel, où personne n'avait été tué ni blessé, n'en constituait pas moins un crime entraînant la peine capitale.

Que ces contradictions prouvent mieux que tout ce qu'on pourrait dire combien, en matière criminelle, il est dangereux de soumettre au droit commun des matières qui n'y sont pas naturellement appropriées ; car le droit commun puise dans l'inflexibilité de ses principes et dans l'inexorabilité de leurs conséquences, une force d'entraînement irrésistible qui ne comporte aucun ménagement, et que nul n'a le pouvoir de modérer au gré des circonstances.

Qu'enfin, les mécomptes auxquels on s'expose, quand, forcé de reconnaître l'influence inévitable de la convention sur le caractère des actes résultant du duel, on veut lui assigner des limites et lui imposer des restrictions arbitraires, démontrent suffisamment qu'à son égard il n'y a que deux partis à prendre : ou la nier, et refuser d'en tenir aucun compte, ce qui est moralement et juridiquement impossible ; ou bien lui laisser toute sa portée, et reconnaître, qu'au lieu d'une simple atténuation, elle imprime aux faits auxquels elle s'applique des modifications tellement essentielles qu'elles exigent une incrimination spéciale.

Considérant que c'est mal à propos qu'on voudrait se prévaloir de ce que les faits résultant du duel n'ont pas été rangés par la loi, au nombre de ceux qu'elle déclare légitimes ou excusables. Que l'excuse et la déclaration de légitimité ne sont que des correctifs de l'incrimination. Qu'un fait n'a donc besoin d'être qualifié excusable ou légitime, qu'autant qu'il a été préalablement rangé dans la classe des crimes ou des délits. Qu'ainsi l'objection repose sur une pétition de principes.

Considérant que, s'il est de maxime en droit public que nul ne doit se faire justice à soi-même, il faut reconnaître aussi que l'infraction de cette maxime ne peut, en aucun cas, se transformer d'elle-même en crime ou délit, sans le secours d'une loi positive qui lui imprime cette qualification. Qu'une telle infraction peut être incriminable en droit, mais qu'elle ne peut être incriminée de fait que par une déclaration expresse du législateur. Que l'aptitude à l'incrimination, et l'incrimination effective, sont deux choses fort différentes qui demandent à n'être pas confondues. Que, relativement au duel, pas plus que relativement à tout autre fait, on ne saurait induire celle-ci de celle-là, parce qu'on ne peut rien conclure de la faculté à l'action.

Considérant que les principes ci-dessus exposés sont applicables aux blessures tout comme à l'homicide résultant du duel.

Considérant enfin que la vérité de ces principes est si peu contestable qu'elle vient d'être sanctionnée , tout récemment, dans une autre matière , par un arrêt solennel de la Cour de Cassation dont le dispositif est fondé sur ce que *les tribunaux ne peuvent étendre les dispositions pénales des lois , des cas qu'elles expriment à d'autres cas qu'elles n'expriment pas, et sur ce qu'il n'appartient qu'au législateur d'ajouter à ces dispositions ou d'en combler les lacunes* (1).

Par ces motifs, la Cour, adoptant, en ce qui ne leur est pas contraire, ceux des premiers juges, donne défaut contre Michel Levy et Abraham Lipmann, non comparants bien que valablement assignés, et statuant sur l'appel émis par le procureur du roi de Strasbourg contre le jugement rendu par le tribunal correctionnel de cet arrondissement, le 10 mai 1838,

Rejette l'appel.

Du 27 février 1839. — *Cour royale de Nancy , Chambre des appels de police correctionnelle.* — M. Mourot , *président.* — M. Masson, *rapporteur.* — M. Garnier, *avocat général.*

(1) Arrêt solennel, 11 févr. 1839, Journal du droit crim, t. 11, p. 31

9 782329 297521